BIBLIOTHÈQUE NOUVELLE
à 1 fr. le volume.

THÉOPHILE GAUTIER

THÉATRE

DE POCHE

PARIS
LIBRAIRIE NOUVELLE
BOULEVARD DES ITALIENS, 15, EN FACE DE LA MAISON DORÉE

1855

THÉATRE DE POCHE

PARIS. — IMP. SIMON RAÇON ET COMP., RUE D'ERFURTH, 1.

THÉOPHILE GAUTIER

THÉATRE

DE POCHE

PARIS

LIBRAIRIE NOUVELLE

BOULEVARD DES ITALIENS, 15, EN FACE DE LA MAISON DORÉE.

L'Auteur et les Éditeurs se reservent tous droits de reproduction.

1855

UNE

LARME DU DIABLE

UNE
LARME DU DIABLE

MYSTÈRE

SCÈNE PREMIÈRE

La chambre d'Alix et de Blancheflor.

ALIX.

J'ai beau travailler, ma sœur, je n'aurai jamais fini de broder cette chape pour le saint jour de Pâques.

BLANCHEFLOR.

Je t'aiderai, ma très-chère Alix, et avec la grâce de Dieu nous arriverons à temps. Voici que j'ai fini la couronne que je tresse à la sainte Vierge avec des grains de verre et de la moelle de roseau.

ALIX.

J'ai encore à faire tout ce grand pavot aux larges feuilles écarlates. J'ai bien sommeil, mes yeux sont pleins de sable, la trame du canevas s'embrouille, la lampe jette des lueurs douteuses, l'aiguille s'échappe de mes doigts ; je m'endors...

L'ANGE GARDIEN.

Mon enfant, mon Alix, tâche de te réveiller ; tu n'as pas fait ta prière ce soir...

ALIX.

Pater noster, qui es in cœlis...

BLANCHEFLOR.

Je m'en vais te délacer et te coucher ; tu rêves tout debout. Après je me déshabillerai moi-même et dormirai à mon tour.

L'ANGE GARDIEN.

La voilà presque nue ; on dirait une des statues d'albâtre de la cathédrale, à la voir si blanche et si diaphane ; elle est si belle, que j'en deviendrais amoureux, tout ange que je suis, si je continuais à la regarder plus longtemps. Ce n'est pas la première fois que les fils du ciel se sont épris des filles des hommes. Voilons nos yeux avec le bout de nos ailes.

BLANCHEFLOR.

Bonne nuit, Alix !

ALIX.

Blancheflor, bonne nuit !

PREMIER ANGE GARDIEN.

Elles dorment dans leur petit lit virginal comme deux abeilles au cœur d'une rose. Soufflons la lampe et remontons là-haut faire notre rapport au Père éternel.

SECOND ANGE GARDIEN.

Frère, attends encore un peu ; n'as-tu pas remarqué comme la pauvre Alix avait ses beaux yeux tout rouges à force de travailler? Je veux lui achever son pavot, afin qu'elle ne se fatigue plus la vue et que messire Yvon, le chapelain, puisse mettre sa chape neuve à la grand'-messe du jour de Pâques.

PREMIER ANGE GARDIEN.

Je le veux bien ; mais prends garde de te piquer les doigts avec l'aiguille.

SCÈNE II

Le paradis du bon Dieu.

LE BON DIEU.

Le temps vient de faire encore un pas, c'est un jour de plus qui tombe dans mon éternité : la millième partie d'un grain de sable dans la mer !

VIRGO IMMACULATA.

Les petits enfants dorment dans leurs berceaux et les colombes dans leurs nids. Les jeunes filles récitent mes litanies et les cloches bourdonnent mon Angelus.

CHRISTUS.

Les moines sautent les versets du bréviaire pour arriver plus tôt à l'heure du souper. Tintinillus, dans cette seule journée, a rempli mille fois son sac des oraisons qu'ils écourtent, des syllabes qu'ils bredouillent et des antiennes qu'ils passent.

LE BON DIEU.

Azraël et son compagnon ne sont pas venus me rendre leurs comptes et faire signer leurs livres ; pourtant le souffle endormi des deux jeunes filles confiées à leur garde monte jusqu'au pied de mon trône comme un parfum et comme une harmonie. Ah! mes beaux anges, vous êtes des paresseux, et, si vous ne vous corrigez, je vous priverai de musique pendant deux ou trois mille ans.

VIRGO IMMACULATA.

Azraël fait de la tapisserie; il brode un grand pavo rouge comme le sang qui sortit de votre plaie le jour de la Passion, ô Jésus! ô mon fils bien-aimé!

CHRISTUS.

C'est avec mon sang, avec mon pur sang, que cette soie a été teinte; quelle pourpre va mieux au dos du prêtre que le sang du Seigneur Dieu!

AZRAEL.

Père, nous voici.

LE BON DIEU.

Donne ton livre, Azraël. Mizaël, donnez le vôtre.

MIZAEL.

O maître! voulez-vous la plume pour signer, la plume de l'aigle mystique?

LE BON DIEU.

Tout à l'heure! Eh quoi! la feuille des péchés, même des péchés véniels, aussi blanche que la tunique de mon fils lorsqu'il apparut sur le Thabor! Mes anges, vous êtes trop distraits et vous êtes de mauvais espions. Vous, Mizaël, quand vous étiez l'ange gardien de sainte

Thérèse, qui ne voulait pas que l'on médît du diable et le plaignait de ne pouvoir aimer, vous m'apportiez une liste encore assez honnête de péchés, et pourtant sainte Thérèse est une grande sainte. Vous, Azraël, qui avez été l'ange gardien de la Vierge, vous aviez le soir sur votre rôlet une ou deux mauvaises pensées, n'est-il pas vrai?

MIZAEL.

Père, sainte Thérèse était Espagnole.

AZRAEL.

Père, la Vierge avait eu un enfant.

LE BON DIEU.

Je vois jusqu'au fond de vos cœurs : vous êtes amoureux de ces deux jeunes filles ; je m'en vais faire une enquête sur elles, et, si elles sont aussi pures que vous le dites, je vous accorde leur âme en mariage ; vous les épouserez aussitôt qu'elles arriveront ici. Qu'avez-vous à dire, Christus?

CHRISTUS.

Rien qui ne leur soit favorable. Ce matin je me suis déguisé en mendiant, je leur ai demandé l'aumône ; elles ont déposé dans ma main lépreuse, chacune à leur tour, une grosse pièce de cuivre toute glacée de vert-de-gris. Saint Éloi, prenez-les, nettoyez-les, et forgez-en un beau calice pour la communion de mes Chérubins.

VIRGO IMMACULATA.

Elles ont fait brûler dans ma chapelle plus de dix livres de cire et m'ont donné plus de vingt couronnes de filigrane et de roses blanches.

TINTINILLUS.

Je n'ai pas dans mon sac une seule ligne de prière passée par elles, pas même un seul *amen*.

L'ÉTOILE DU MATIN.

En me levant je les regarde toutes deux par le coin du carreau et je les vois qui travaillent ou qui prient.

LA FUMÉE DE LA CHEMINÉE.

Jamais je ne les ai entendues, comme les autres jeunes filles, parler de bals, de galants, sous le manteau de la cheminée en tisonnant le feu; jamais je n'ai emporté sur mes spirales bleues des rires indécents et des paroles mondaines de leur maison vers votre ciel.

L'ÉTOILE DU SOIR.

Comme ma sœur matinale, je les ai toujours vues travailler ou prier.

SOL.

Je me souviens à peine de les avoir rencontrées : elles ne sortent que le dimanche pour aller à la messe ou à vêpres.

LA BRISE.

J'ai passé à côté d'elles, l'une chantait; j'ai pris sa chanson sur sa bouche, la voici.

LE BON DIEU.

Il n'y a rien à dire.

LUNA.

Moi, je ne les connais pas. Je ne les ai pas aperçues une seule fois parmi les couples qui s'en vont le soir sous les tonnelles; j'ai eu beau ouvrir mes cils d'argent et mes prunelles bleues, elles ne sont jamais sorties après leur mère couchée; elles sont plus chastes que moi, que l'on appelle la chaste, je ne sais pas trop pourquoi, et qui ai prêté ma clarté à tant de scènes qui ne l'étaient guère.

LE BON DIEU.

Voilà qui est bien ; vous les épouserez ; ce sont deux âmes charmantes. Allons, mes Trônes, mes Principautés, mes Dominations, entonnez le Cantique des cantiques et réjouissez-vous, puisque voici deux créatures aussi vierges que Maria ma bien-aimée.

UNE VOIX.

Ah ! ah ! ah !

LE BON DIEU.

Quel est le drôle qui ose ricaner dans mon paradis d'une manière aussi insolente ?

SCÈNE III

SATANAS.

C'est moi, vieille barbe grise, moi, Satanas, le diable, comme on dit ; ce qu'il y a de plus grand après toi, le gouffre après la montagne.

LE BON DIEU.

Que faisait mon portier saint Pierre, avec ses clefs ? où avait-il la tête de te laisser entrer ici pour nous empester de ton odeur de soufre ?

SATANAS.

Saint Pierre n'était pas à sa loge ; il était à se promener. Il vient, grâce à moi, si peu de monde ici, que sa charge est une vraie sinécure.

LE BON DIEU.

Beaucoup d'appelés et peu d'élus.

SATANAS.

Il n'y a dans ton paradis que des mendiants, des imbéciles et des enfants morts à la mamelle ; on y est en bien mauvaise compagnie ; chez moi c'est bien différent : ce ne sont que papes, cardinaux, empereurs, rois, princes, dames de haut parage, poëtes, savants, courtisanes, saints du calendrier : la société est la plus réjouissante du monde, et l'on ne saurait en trouver une meilleure.

LE BON DIEU.

Je ne sais pas à quoi il tient, mon bel ange roussi, que je ne te précipite à cent mille lieues au-dessous du neuvième cercle d'enfer, et que je ne t'y fasse river avec des chaînes de diamant.

SATANAS.

Père éternel, tu te fâches, donc tu as tort.

LE BON DIEU.

Maudit, pourquoi as-tu fait *ah! ah!* lorsque j'ai ordonné à mes anges de chanter le *Te Deum* ?

SATANAS.

Par mes cornes et ma queue ! vous faites vous autres beaucoup de vacarme pour peu de chose, et en cela vous ressemblez beaucoup aux rois de la terre ; vous voilà bien fiers pour deux âmes de petites filles que je n'ai pas seulement essayé de tenter, comptant bien qu'elles me reviendraient tôt ou tard, et cela sans que je m'en mêle.

LE BON DIEU.

Vous êtes bien fanfaron, monsieur du diable !

SATANAS.

Parions, seigneur Dieu, que je les fais tomber en péché mortel d'ici avant deux jours.

LE BON DIEU.

Souviens-toi de Job.

SATANAS.

Job était un homme, le cas est bien différent.

VIRGO IMMACULATA.

Satanas, vous n'êtes pas galant, à ce que je vois.

SATANAS.

Pardon, madame la Vierge : c'est moi qui le premier ai fait, pour la première fois, la cour à la première femme ; sans être fat, je me puis vanter de ne pas avoir trop mal réussi.

LE BON DIEU.

La moitié de la besogne était faite : Ève était gourmande et curieuse, et son mari n'était pas un grand sire ; mais ce n'est pas de cela qu'il s'agit ; que veux-tu que je parie avec toi, mécréant?

SATANAS.

Si je perds, je vous rendrai les âmes de cinquante de vos saints qui sont à cuire dans la grande chaudière.

LE BON DIEU.

Et si tu gagnes?

SATANAS.

Si je gagne, jurez par votre barbe de m'accorder la grâce d'*Éloa*, ce bel ange femelle qui m'a suivi par amour en enfer ; elle ne s'est pas révoltée contre vous, et l'anathème n'a pas été fulminé sur elle; qu'elle reprenne sa place parmi les anges.

LE BON DIEU.

Tu n'es pas aussi diable que tu es noir; j'accepte tes conditions, et je suis fâché de ce que ma parole soit irrévocable, car tu es un bon compagnon et j'aimerais assez t'avoir en paradis. Mais quelle est cette voix que j'entends là-bas, là-bas, si faible que l'on ne sait si c'est un chant ou une plainte?

SPIRITUS SANCTUS.

Je la reconnais, c'est la voix d'Éloa, l'amoureuse de Satanas.

LE BON DIEU.

Que dit-elle? Depuis deux ou trois éternités que je suis celui qui est, j'ai l'ouïe un peu dure.

CHRISTUS.

Sphères harmonieuses, ciel de cristal qui vibrez comme un harmonica, suspendez votre ronde et faites taire un instant votre musique, afin que nous puissions entendre!

LA SPHÈRE.

Je t'obéis, ô maître! et ne chante plus.

LE CIEL.

Mes étoiles aux yeux d'or sont immobiles et se tiennent par la main, en attendant que je reparte.

ÉLOA.

L'enfer avec mon damné, plutôt que le paradis avec vous.

MIZAEL.

Ah! Satanas, qui ne voudrait être à votre place pour être aimé ainsi ?

VIRGO IMMACULATA.

Quoiqu'il soit un peu basané, Satanas a vraiment fort bonne tournure; beau garçon et malheureux, il a tout ce qu'il faut pour inspirer de l'amour.

CHRISTUS.

Ce n'est pas d'aujourd'hui, ô ma mère! que les honnêtes femmes aiment les mauvais sujets; moi qui étais le plus parfait des hommes, puisque j'étais Dieu, je n'ai pu me faire aimer que de la Magdalena, qui était, comme vous le savez, une fille folle de son corps.

MAGDALENA.

C'est au cœur du bourbier que l'on désire le plus vivement respirer l'odeur de la rose.

LE BON DIEU.

Eh bien, puisque Éloa ne veut pas de sa grâce, que te donnerai-je si je perds ?

SATANAS.

Une goutte d'eau, messire Dieu; car j'ai soif, j'ai soif.

L'ÉCHO DE L'ÉTERNITÉ.

J'ai soif.

SCÈNE IV

VIRGO IMMACULATA.

Le voilà parti ; j'ai peur qu'il ne réussisse.

LE BON DIEU.

Maria, vous avez trop bonne opinion de ce drôle.

MIZAEL.

O ma pauvre Blancheflor ! je ne serai plus là pour te garder.

AZAEL.

Alix ! Alix ! j'ai bien peur que ton âme ne soit jamais mariée à la mienne.

MAGDALENA.

Vous n'êtes guère amoureux, si vous pensez que celle que vous avez choisie puisse se laisser séduire par un autre.

OTHELLO.

Perfide comme l'onde !

VIRGO IMMACULATA.

Tais-toi, vilain nègre ; avec tes gros yeux et tes lèvres bouffies, il t'appartient bien de médire des femmes !

SPIRITUS SANCTUS.

Allez-vous vous quereller et vous prendre aux cheveux comme des docteurs en théologie ?

DESDEMONA.

Pardonnez-lui, Marie, je lui ai bien pardonné, moi.

LE BON DIEU.

A quoi allons-nous passer la soirée? Sainte Cécile! si vous nous jouiez un air sur la basse que le Dominiquin vous a si galamment donnée! Que vous en semble? mon bon roi David danserait pendant ce temps-là un pas de sa composition.

SAINTE CÉCILE.

Que vous jouerai-je?

LE BON DIEU.

Du Mozart ou du Cimarosa, à ton choix. Je défends aux vents et au tonnerre de dire un seul mot de tout ce soir; je veux entendre mon grand air avec tranquillité.

SCÈNE V

La chambre d'Alix et de Blancheflor.

ALIX.

In nomine Patris, et Filii, et Spiritus Sancti.

BLANCHEFLOR.

Amen.

TINTINILLUS.

Ce n'est pas ici que je remplirai mon sac; allons au couvent des révérends pères.

LE GRILLON.

Cri-cri.

BLANCHEFLOR.

Éveillée aussitôt que nous, tu es bien matineuse, petite bête.

ALIX.

Et pourtant tu n'as autre chose à faire pendant toute la journée que chanter la ballade, te chauffer les pattes, et faire la causette avec ta marmite. Mais il me semble que je n'avais pas terminé le grand pavot aux feuilles écarlates. Est-ce que tu n'as pas travaillé après que j'ai été couchée, Blancheflor?

BLANCHEFLOR.

Non, ma sœur.

ALIX.

C'est étrange!

BLANCHEFLOR.

Louons Dieu.

SATANAS, en dehors.

Miaou-miaou! Ouvrez-moi la fenêtre, je suis votre chat; j'ai passé la nuit dans la gouttière.

BLANCHEFLOR.

N'ouvre pas; je n'ai pas encore mis ma guimpe, et le page Valentin est à sa croisée.

SATANAS.

Sainte pudeur !

LA CLOCHE.

Mes fidèles, mes chrétiens, écoutez ma petite voix d'argent et venez à la messe, à la messe du bon Dieu, dans votre église paroissiale. Din-din-drelin-din.

ALIX.

Dépêchons-nous, nous n'arriverons jamais à temps.

LA CLOCHE.

L'enfant de chœur a déjà mis sa calotte rouge et son surplis blanc; le prêtre revêt son étole brodée d'or et de soie. Din-din-drelin-din.

BLANCHEFLOR.

La messe est pour six heures, nous avons encore un grand quart d'heure.

L'HORLOGE.

Partez, mes enfants, partez; vous n'avez pas un instant à perdre; mes aiguilles sont des paresseuses; je retarde de vingt-cinq minutes.

LA CLOCHE.

Vite, vite, mes colombes, on est à l'Introït. Din-din-drelin-din.

SCÈNE VI

Une rue.

SATANAS, en marchand.

Mes belles demoiselles, daignez jeter les yeux sur ma boutique; elle est on ne peut mieux fournie. Voulez-vous des rubans, du point de Venise, du satin du Levant, des miroirs de poche en pur cristal? voulez-vous du lait virginal, de l'essence de roses? Celle-ci est véritable, elle vient de Constantinople directement; c'est un renégat qui me l'a vendue.

BLANCHEFLOR.

Nous verrons en revenant de la messe.

MIZAEL, qui la regarde d'en haut.

Bien répondu, Blancheflor.

SATANAS.

Ceci dérange mes projets; il faut qu'elles manquent la messe : cela me donnera prise sur elles.

ALIX.

Je n'achèterai rien à ce marchand; je lui trouve quelque chose de faux dans la physionomie

SATANAS, un peu plus loin en jongleur.

La coquetterie a manqué son effet, essayons de la curiosité ; c'est par ce moyen qu'autrefois je suis venu à bout d'Ève la blonde. Mesdames et messieurs, entrez, entrez, entrez ; c'est ici et non autre part que l'on trouve véritablement les sept merveilles de la nature. Pour un pauvre sol marqué, vous verrez autant de bêtes étranges que n'en vit onc Marc-Paul en ses voyages, telles qu'oriflants, caprimulges, coquesigrues, cigales ferrées, oisons bridés, caméléons, basilics, dragons volants, singes verts, licornes, ânes savants et autres, tout ainsi qu'ils sont portraits sur la pancarte ci-contre. Entrez, entrez, entrez.

BLANCHEFLOR.

Cela doit être bien curieux !

ALIX.

Ne nous arrêtons pas ; tout le monde est déjà entré dans l'église.

SATANAS.

Les fièvres quartes te sautent à la gorge ! Elle commençait de mordre à l'hameçon. Changeons nos batteries.

AZAEL, au paradis.

Brava, Alix, brava !

SATANAS, en jeune seigneur.

Corbaccho ! je n'ai jamais vu deux si charmantes demoiselles ; elles valent à elles deux les trois Charites et ensemble madame Cythérée, la mère des amours. Mesdemoiselles, cette rue est pleine de ribauds et de croquants ; daignez accepter mon bras ; l'on pourrait vous affronter.

BLANCHEFLOR.

Il n'est pas besoin, et ne prenez tant de souci ; nous voici au portail de l'église.

SCÈNE VII

Le portail de l'église.

NIHILVALET, mendiant.

Mon beau gentilhomme, la charité, la charité, s'il vous plaît ; je prierai le bon Dieu pour vous.

SATANAS.

Prie-le pour toi et prends des aides ; car tu auras fort à faire à tirer ton âme d'entre mes griffes ; je suis...

NIHILVALET.

Pardon, maître, je ne vous avais pas reconnu.

TRAINESAQUILLE, autre mendiant.

Voici, mon duc, des reliques à acheter, des agnus,

des médailles, des rosaires bénits par le pape. Ceci est un morceau de la vraie croix ; ceci une phalange du petit doigt de saint Jean.

SATANAS.

Le morceau de la vraie croix est un morceau de la potence où tu seras branché un de ces jours ou l'autre ; la relique est un os que tu as pris à la carcasse de ton frère le Bohème qui a été pendu.

TRAINESAQUILLE.

Vous savez tout ; vous êtes donc...

SATANAS.

Tais-toi.

BRINGUENARILLES, très-bas.

Mon prince, j'ai ici, dans un bouge, à deux pas, un vrai morceau de roi, quinze ans, des cheveux jusqu'aux pieds, blanche, ferme ; c'est presque vierge et pas cher ; pour trois écus au soleil, deux pour moi et un pour elle, et ce que vous voudrez à la fille, vous en verrez la fin.

LA GRAND'OUDARDE, pauvresse.

Mes chères demoiselles, il y a huit jours que je n'ai mangé.

SATANAS.

Arrière ! ou je te fais baiser mon ergot. Le seuil de ton église, père éternel, ressemble assez à une des gueules de mon enfer.

GIBONNE, deuxième pauvresse.

Je suis aveugle et paralytique.

ALIX ET BLANCHEFLOR.

Tenez, ma bonne femme, voilà pour vous.

Elles passent.

LA GRAND'OUDARDE.

A-t-on jamais vu cette vieille ribaude qui vient me débaucher mes pratiques jusque sous mon nez et me retirer le pain de la bouche! Tiens, empoche celle-là !

GIBONNE.

Voleuse d'enfants, Égyptienne, gaupe, truande, tu vas voir que ma béquille est de bon cœur de chêne!

Elles se battent.

SCÈNE VIII

L'intérieur de l'église.

SATANAS.

Il n'y a ici que des enfants et des vieilles femmes, ceux qui ne sont pas encore et ceux qui ne sont plus; les enfants qui marchent à quatre pattes et les vieillards qui marchent à trois, voilà donc ceux qui forment ta cour, ô Père éternel ! Tout ce qui est fort, tout ce qui est grand, dédaigne comme moi de te rendre hommage. Par les boyaux du pape ! je ne suis pas en scène, et, tout en philosophant, j'oubliais de prendre de l'eau bénite.

L'EAU BÉNITE.

Qui vient donc de tremper ses doigts dans ma conque d'ivoire ? On dirait que c'est un fer rouge ; une chaleur insupportable s'est répandue dans moi ; je fume, je siffle, je monte et je bous comme si le bénitier était une chaudière.

BERTHE.

Derrière le Clos-Bruneau, après la messe. Prenez garde, Landry, on pourrait vous voir.

LANDRY.

J'y serai. Ton bras est plus doux qu'un col de cygne. Je t'adore, ma belle amie.

SATANAS.

Je n'ai que faire là ; ils sont en bon chemin et iront fort bien tout seuls.

LE PRÊTRE.

Dominus vobiscum.

L'ENFANT DE CHŒUR.

Et cum spiritu tuo.

SATANAS.

Tu tuo... Quelle cacophonie et quel latin ! du vrai latin de cuisine! Le bon Dieu n'est pas difficile. Ce prêtre-là a l'air d'un buffle à qui l'on aurait scié les cornes. Si le Seigneur est avec son esprit, le Seigneur court grand risque d'être seul ou en bien mauvaise compagnie. Mais avisons à ce que font nos deux péronnelles.

BLANCHEFLOR.

Libera nos'a malo.

SATANAS, ricanant.

Délivrez-nous du mauvais. Ainsi soit-il. (A demi-voix.) Il paraît qu'on s'occupe de moi. Que cette jeune fille est belle! on la prendrait plutôt pour une dame de la cour que pour une simple bourgeoise; elle efface toutes ses compagnes.

L'ORGUEIL DE BLANCHEFLOR.

Il est vrai que je ne suis pas mal, et que, si j'étais parée, peu de jeunes filles pourraient l'emporter sur moi.

SATANAS.

Ah! ah! voilà quel est ton avis! Oh! les femmes, les femmes! Je crois que la plus humble a encore plus d'orgueil que moi, le diable, qui ne reconnais personne au-dessus de moi, pas même Dieu. (Haut.) Tous les hommes ont les yeux fixés sur elle, et, si elle voulait pour amant ou pour mari le fils du comte, elle l'aurait très-certainement.

L'ORGUEIL DE BLANCHEFLOR.

Pourquoi pas?

Elle laisse tomber son livre de messe.

SATANAS.

Voilà qui marche on ne peut mieux. Essayons de l'autre maintenant.

ALIX.

Ma sœur est bien distraite aujourd'hui.

SATANAS, *se logeant dans la boucle d'oreille d'Alix, et la faisant parler.*

Je suis faite avec l'or le plus fin et par le meilleur orfèvre ; on croirait qu'il a pris un rayon du soleil, qu'il l'a forgé et arrondi en cercle, tant je suis luisante et polie ; aucun œil ne peut soutenir mon éclat; je suis ornée d'une grosse émeraude du plus beau vert de mer, et, au moindre mouvement, je fais un cliquetis le plus agréable et le plus coquet du monde ; les boucles d'oreilles de Berthe ont l'air de cuivre rouge. Et puis je mords par son lobe de corail la plus charmante oreille qui se soit jamais enroulée, comme une coquille de nacre, près d'une tempe transparente et sous de beaux cheveux noirs.

L'OREILLE D'ALIX.

En vérité, je suis bien plus petite et bien mieux ourlée que l'oreille de ma sœur.

SAINT BONAVENTURE, *se détachant du vitrage et se projetant comme une ombre sur le col d'Alix.*

Alix, Alix, prends garde!

SATANAS.

Ce n'est pas de jeu, Père éternel; tu triches, cela n'est pas honnête; tu devais me laisser agir. J'aperçois aussi par là les anges gardiens des deux créatures; s'ils ne s'en vont, je les plumerai tout vifs..

LE PÈRE ÉTERNEL.

Tu prends la mouche hors de propos. C'est la réfraction du soleil à travers les vitraux.

SATANAS.

A d'autres! Le soleil n'est pas de ce côté, et les autres ombres se projettent toutes en sens inverse.

LE PÈRE ÉTERNEL.

Allons, Bonaventure, remonte à ta fenêtre et replace-toi dans ta chape de plomb.

AZRAEL, au paradis, dans sa stalle.

Elle est perdue! elle est perdue! Distraite pendant la messe!

MAGDALENA.

Perdue! et pourquoi? J'en ai bien fait d'autres, moi qui vous parle, et cependant me voilà ici; elle se repentira après, et la confession la rendra plus blanche que neige.

SATANAS, sous la figure du fils du comte.

Mademoiselle, voici votre missel qui était tombé à terre; il est tout fripé et tout taché; daignez accepter le mien. Laissez-moi celui-ci : j'ai un enlumineur fort habile qui réparera le dommage.

BLANCHEFLOR.

Monseigneur, vous êtes bien bon... (Elle ouvre le livre.) Ah! mon Dieu! qu'il est beau! que ces figures sont bien peintes! quelles couleurs éclatantes! Le ciel n'a pas d'azur plus limpide que celui-ci. Comme cet or brille! comme ces fleurons sont délicatement entrelacés! que ces marges sont ornées avec goût! C'est un livre très-précieux. Voyons les images. (Elle feuillette le livre.) Quel est donc ce sujet? je ne le connais pas. Un jeune homme et une jeune fille qui se promènent seuls dans un beau jardin en fleurs; leurs yeux brillent d'un éclat extraordinaire, leurs lèvres s'épanouissent comme des roses. Le jeune homme a un bras autour de la jeune fille; on dirait qu'ils vont s'embrasser. C'est étrange, mais je n'ai jamais vu de pareilles vignettes dans un livre de messe. Comme ils ont l'air heureux!... Je suis toute troublée, et il me vient des pensées qui ne m'étaient pas encore venues... Ah! que vois-je encore? un autre couple : la femme est à moitié nue, ses cheveux inondent ses blanches épaules, ses bras diaphanes sont noués au cou d'un beau cavalier; les lèvres de la femme sont collées aux siennes, elle a l'air de boire son haleine. Apparemment c'est la parabole de l'enfant prodigue quand il est chez les courtisanes. (Elle tourne encore quelques feuillets; les images deviennent de plus en plus licencieuses.) Je me sens la figure tout en feu ; je ne voudrais pas voir et je regarde. Que tout cela est singulier !

SATANAS.

Si cette vertu-là était seule dans une chambre, le premier vice un peu bien vêtu qui se présenterait en aurait bon marché. Sa gorge palpite comme une eau pendant l'orage, ses joues sont plus rouges que des cerises, ses yeux sont humides. Comme l'idée du plaisir agit sur ces jeunes têtes ! Ces trois pauvres petites vertus théologales ne sont réellement pas de force à lutter contre sept gros gaillards de péchés capitaux !

BLANCHEFLOR.

Il me semble qu'il serait bien agréable d'être embrassée ainsi par le page Valentin ; il a les dents si blanches et les lèvres si roses ! Voyons encore cette image ; je n'en regarderai plus après.

SATANAS.

Tu les regarderas jusqu'à la dernière, ou je veux m'emporter moi-même.

MIZAEL, là-haut.

Mais c'est qu'elle y prend goût ! Aurait-on cru cela l'eussiez-vous cru, Desdemona?

DESDEMONA.

Je ne le croyais pas ; mais ma suivante Émilia n'était

pas de mon avis, et prétendait que la chose était commune.

MIZAEL.

Fiez-vous donc à ces petites prudes qui s'en vont l'œil baissé et les mains croisées sur la modestie !

MAGDALENA.

Je vous avais bien dit qu'il n'y avait rien de si chanceux que d'aimer des honnêtes femmes ; il y a toujours là-dessous quelque déception.

DESDEMONA.

Comme vous y allez, Magdalena, parce que vous avez mené une conduite pour le moins équivoque, il ne faut pas...

MAGDALENA.

Allez donc, madame l'amoureuse de nègres, qui vous êtes sauvée de nuit de chez votre père, le digne Brabantio !

DESDEMONA.

C'était avec mon mari ; il faut suivre son mari, et je me moque de ce que...

MAGDALENA.

Je veux bien croire que les soupçons du moricaud sur Cassio fussent injustes ; il y avait un motif qui vous empêchait de prendre un amant : les enfants que vous auriez faits avec lui auraient été blancs, et cela vous aurait vendue.

DESDEMONA.

Peut-on dire de pareilles horreurs? J'en ai les larmes aux yeux.

CHRISTUS.

Paix, Magdeleine! respectez un peu la plus belle fille de mon poëte Shakspeare.

BLANCHEFLOR.

Si j'avais un amant qui ressemblât au jeune seigneur peint sur cette miniature, je serais bien heureuse.

LE PRÊTRE.

O salutaris hostia!

SATANAS, se sauvant.

Je brûle! je brûle!

BLANCHEFLOR.

Est-ce que j'ai dormi et rêvé? Où est donc le livre que je tenais tout à l'heure?

ALIX.

Tu cherches ton livre? le voilà.

<small>Elle lui donne son véritable livre de messe.</small>

BLANCHEFLOR.

Mon Dieu! pardonnez-moi la coupable distraction que j'ai eue pendant votre sainte messe: il s'est passé en moi quelque chose qui n'est pas naturel: l'air que je respirais m'enivrait comme du vin; mon souffle me brûlait les lèvres, les oreilles me tintaient, mes tempes bat-

taient, des images impures dansaient devant mes yeux.
Je ne me suis jamais sentie ainsi.

LE PÈRE ÉTERNEL.

Pauvre enfant! je le crois bien! Mizaël, descends lui
dire que je lui pardonne.

MIZAEL.

Blancheflor, Dieu vous pardonne.

BLANCHEFLOR.

Je me sens plus tranquille.

ENGOULEVENT.

Comme l'or rit et babille à travers les mailles de cette
bourse! Elle ne tient qu'à un fil; si je le coupais?

SATANAS, à son oreille.

Coupe-le, personne ne te voit.

ENGOULEVENT.

Au fait, ce vieux ladre est riche, et je ne lui ferai pas
grand tort.

SATANAS.

Au voleur! au voleur! Cet homme vient de happer
une bourse.

On le saisit.

ENGOULEVENT.

Malheur à moi! O mes pauvres enfants!

SATANAS.

Tu vas être pendu; tu es en péché mortel, ton âme

me revient. Ce n'est pas grand'chose, mais cela fait toujours nombre; et puis, tes enfants sans pain deviendront des voleurs comme toi; ils seront pendus comme toi, et ils iront en enfer comme toi. Je n'ai pas perdu tout à fait mon temps.

LE PRÊTRE.

Ite, missa est.

ALIX.

Allons-nous-en, ma sœur.

BLANCHEFLOR.

Donne-moi le bras; je suis si étourdie, que je ne puis me soutenir.

Exeunt.

SATANAS.

Enfin, les voici dehors; j'espère que mes tentations auront un meilleur succès dans un autre endroit.

SCÈNE IX

Une allée du parc.

JEHAN LAPIN.

Je me frotte la moustache avec la patte, parce que mon amie va passer; il faut que mon poil soit lustré et ma fourrure sans tache. Je n'ai jamais connu de lapine aussi petite-maîtresse.

LE COLIMAÇON.

O charmante rose! je t'aime! Permets que je te baise à la bouche et au cœur; tu es pleine de délices, et je me pâme rien qu'à t'approcher.

LA ROSE.

Fi donc! pouah! pouah! Veux-tu me laisser, avec tes vilains baisers pleins de bave!

SATANAS.

Ah! voici l'éternelle histoire du monde: la vieillesse et la laideur aux prises avec la vertu et la beauté. Il me semble voir une jeune fille qui épouse un vieux mari.

LE COLIMAÇON.

Ma rose, ma belle rose embaumée, il est vrai que je bave, mais ma bave est d'argent, et je veux t'épouser.

LA ROSE.

Vous n'êtes pas si laid que je le croyais d'abord, et il me semble que je vous aime déjà beaucoup.

SATANAS.

Par le saintsangbreguoy! colimaçon, mon ami, tu es un habile séducteur; tu as, en vérité, tout ce qu'il faut pour faire le plus délicieux mari du monde: de l'argent et des cornes. Que diable veut donc ce papillon qui vol-

tige par ici et qui bourdonne à l'oreille de la rose? Ah!
je devine; c'est le galant, c'est l'ami de cœur; aussi il
faut convenir qu'il a un peu meilleure façon que l'autre.

JEHAN LAPIN.

Cet homme qui se promène dans le bois a un aspect
bien singulier; ce n'est point un chasseur, il n'a pas
d'armes. Qu'est-ce donc?

SATANAS.

Monsieur du Lapin, je n'aime pas qu'on me regarde.
Qu'avez-vous à fixer sur moi vos gros yeux bleus d'un
air aussi stupide qu'un professeur d'esthétique qui digère? Pourquoi remuez-vous le nez comme un parasite
qui flaire un repas, et brochez-vous des babines plus
vite qu'une vieille femme qui dit du mal d'une de ses
voisines?

LE LAPIN.

C'est que vous avez sur le front, écrite en caractères
rouges, une inscription terrible : Je n'aimerai jamais.

SATANAS.

Tu as lu ton Dante, Jehan Lapin? Et tu nous fais
une assez mauvaise imitation du fameux vers :

Lasciate ogni speranza voi ch' entrate.

LE LAPIN.

En vérité, maître, c'est écrit.

SATANAS.

Il a dit vrai ! Je n'aimerai jamais, jamais. Ah ! comme tu te venges, Adonaï ! Pauvre Éloa ! j'en ai pitié ! mais qu'est cela près de l'amour ?... Mes ailes sont brûlées, mais, si je pouvais aimer seulement une minute, je sens que je remonterais au ciel.

CHŒUR DE LAPINS.

Paroles de M. Auber, musique de M. Scribe.

> Chantons, célébrons ce beau jour,
> Sautons, dansons, faisons l'amour.

SATANAS.

C'est de l'opéra-comique tout pur. Je pensais qu'il n'y avait que les Parisiens capables d'entendre de pareilles paroles sur de pareille musique. Je croyais les lapins plus forts.

CHŒUR DE PAPILLONS.

Les gouttes de rosée se balancent aux feuilles des marguerites ; les abeilles font l'amour aux belles fleurs et boivent le nectar au fond de leurs calices. Déployons nos ailes bleues et rouges aux rayons du soleil ; nous sommes les fleurs du ciel, les fleurs sont les papillons de la terre.

SATANAS.

Que tout cela est assommant, et comme la nature est

ennuyeuse! quelle fadeur! quelle monotonie! De l'herbe, des arbres, de la terre; je ne connais rien de moins récréatif, si ce n'est les descriptions des poëtes bucoliques. Ah! Théocrite et Virgile sont de grands sots, et M. de Florian aussi. Par le premier péché de la mère Ève! l'enfer est encore plus amusant; on y a au moins le plaisir de tourmenter quelqu'un. Si je n'avais affaire ici, j'y retournerais bien vite. Après tout, l'on n'est bien que chez soi, et l'on s'habitue à tout, même à griller éternellement. A force de me chauffer, je suis devenu frileux, et je grelotte de froid devant ce pâle soleil. Ta création, Père éternel, est quelque chose d'assez mesquin, et tu ne devrais pas t'en enorgueillir comme tu le fais; le moindre décorateur d'opéra est plus imaginatif. Voici un point de vue qui est des plus médiocres; ce ciel est plat et cru, il a l'air de papier peint; ces lointains ne fuient pas, ces nuages ont des formes saugrenues; ces terrains sont mal coupés. Cela serait sifflé au premier acte d'un mélodrame, et le directeur mettrait à la porte un peintre qui aurait barbouillé un pareil paysage.

CHRISTUS, en paradis.

Satanas a le ton bien superlatif; il devrait se faire critique et écrire dans les journaux.

LE PÈRE ÉTERNEL.

Comme il parle irrévérencieusement de mon ouvrage!

A-t-on jamais vu un drôle pareil? Il me prend je ne sais quelles envies de le foudroyer un peu.

SPIRITUS SANCTUS.

C'est moi qui suis le plus spirituel des trois, et, en vérité, ce ne le serait guère. Allez-vous vous battre en duel avec Satanas comme un petit grimaud avec le feuilletonniste qui trouve son ouvrage mauvais?

ALIX.

Tiens, voilà une fraise ; comme elle est rose !

SATANAS, sous la forme d'une mouche.

Moins que tes lèvres, moins que celles de ton sein.

BLANCHEFLOR.

Comme elle sent bon !

SATANAS.

Moins bon que ton haleine.

ALIX.

Quel plaisir de se promener sous les larges feuilles des châtaigniers, avec des grappes de fleurs pour girandoles !

BLANCHEFLOR.

Sur un gazon couleur d'espérance, tout semé de marguerites et de pâquerettes, dont la rosée s'égrène sous les pieds comme un collier de perles dont on casse le fil !

ALIX.

Voici une marguerite qui a un cœur d'or et des feuilles d'argent ; questionnons-la.

BLANCHEFLOR.

Pourquoi faire ? nous n'avons pas d'amoureux.

ALIX.

Nous pourrions en avoir si nous le voulions ; il y en a beaucoup qui en ont, et qui ne nous valent pas.

BLANCHEFLOR.

Qu'importe ! Voyons ce que la fleur va dire, cela nous amusera. C'est pour toi que j'arrache ces feuilles. M'aime-t-il ? un peu, beaucoup, pas du tout. M'aime-t-il ? un peu, beaucoup, pas du tout. Il ne t'aime pas du tout, c'est positif.

ALIX.

Tu t'es trompée, tu as sauté une feuille.

BLANCHEFLOR.

J'ai bien compté.

ALIX.

Non ! te dis-je.

SATANAS.

Que la nature des femmes est une singulière nature ! Voici une petite fille qui ne connaît l'amour que pour en avoir entendu parler, et qui s'indigne à la seule supposition que l'amant qu'elle n'a pas pourrait peut-être ne point l'aimer. Le moment est venu de nous montrer. La petite sera enchantée de faire voir à sa sœur que la marguerite en a menti. Çà, quelle figure allons-nous prendre? don Juan ou Lovelace? Don Juan est usé comme la soutane d'un séminariste ou l'escalier d'une fille de joie; Lovelace est un peu plus inédit, et je ne doute point que sa perruque poudrée et son habit à la française ne fassent un effet merveilleux; il a bien meilleur air que don Juan, ce mauvais racleur de guitare. J'aurais bien pris la figure de Chérubin, mais nos donzelles sont trop jeunes pour être marraines; elles n'ont pas encore l'âge qu'il faut pour dire d'une manière convenable au page qui n'ose pas : « Osez, » et elles ne savent pas le prix d'un enfant qui veut cesser de l'être et en faire d'autres.

Satanas prend la figure de Lovelace.

ALIX.

Quel est ce beau cavalier qui s'avance vers nous? Sa démarche est élégante, il a l'air tout à fait noble et le plus gracieux du monde. C'est sans doute un seigneur étranger, car son costume n'est pas celui des jeunes hommes de cette ville.

BLANCHEFLOR.

On dirait qu'il veut nous aborder.

SATANAS, en Lovelace.

Mesdemoiselles, pardonnez-moi si je me mêle à votre

entretien sans y être convié ; mais j'ai entendu, sans le vouloir, une partie de votre conversation. Vous avez fait, à une fleur rustique et sotte qui ne sait ce qu'elle dit, une question à laquelle votre miroir eût répondu plus juste et plus pertinemment. Je m'inscris en faux contre la réponse de la fleur, et je suis sûr que tous les gens de goût en feront autant que moi.

ALIX.

L'honnêteté vous fait dire là des choses que vous ne pensez sans doute point.

SATANAS.

Je sais ce que je dis et je dis ce que je pense ; vous allez voir que cette marguerite-ci aura plus de bon sens que l'autre. (Il l'effeuille.) Je ne suis pas seul maintenant, et voilà une fleur bien avisée qui parle comme moi. Vous seriez plus incrédule que saint Thomas si vous ne vous rendiez à tant de témoignages.

BLANCHEFLOR, à part.

Comme il a de l'esprit, et qu'il est beau ! Mais il ne parle qu'à ma sœur.

MAGDALENA, au paradis.

Desdemona, ne trouvez-vous pas que Satanas a l'air le plus galant du monde avec son costume de Lovelace? Son habit tourterelle, sa veste gorge-de-pigeon, son bas de soie bien tiré, sa bourse, son épée d'acier et son chaque, lui donnent une tournure coquette et triomphante qui lui va on ne peut mieux ; on le prendrait pour un marquis ou pour un faiseur de tours, tellement il a de belles manières. Comme il fait l'œil à cette petite niaise ! comme il marche sur la pointe des pieds, les coudes en dehors, le nez au vent, la bouche en cœur ! comme il se rengorge et fait la roue ! comme il ponctue chaque phrase d'un adorable petit soupir respectueusement poussé ! Il lui présente la main. Remarquez, je vous prie, comme son petit doigt est agréablement écarquillé, et son index posé de façon à faire briller un magnifique solitaire admirablement enchâssé ! Ah ! le scélérat ! ah ! l'hypocrite ! Quel comédien parfait ! Une femme ne feindrait pas plus habilement. Quel adorable monstre cela fait ! N'est-ce pas, Desdemona, le jeune lieutenant Cassio n'avait pas meilleure mine et n'était pas plus aimable?

DESDEMONA.

Magdalena, vous êtes d'une impertinence sans égale, et, en vérité, vous vous souvenez un peu trop du vilain métier que vous avez fait. Je suis une honnête femme, moi, et je ne sais pas ce que vous voulez dire.

MAGDALENA.

Vous le savez parfaitement, et c'est ce qui fait que vous vous fâchez. Quelle dame Honesta vous êtes ! on ne peut plaisanter une minute avec vous. Cassio est convenu lui-même...

OTHELLO.

Cassio ! qui parle de Cassio ? Où est-il, que je le poignarde !

MAGDALENA.

Bon ! ne voilà-t-il pas l'autre maintenant qui nous tombe sur les bras ! Va-t'en donc à tous les diables d'enfer d'où tu viens, vieux nègre jaloux, et remporte ton coutelas, dont nous n'avons que faire !

DESDEMONA.

Ah ! je vous en prie, Magdalena, passez-moi votre flacon de vinaigre d'Angleterre. Je suis près de m'évanouir, tellement ce vilain homme m'a fait peur !

LE BON DIEU.

Quand vous n'en aurez plus besoin, passez-le-moi, Desdemona ; cette fumée d'encens qui vient de terre m'empeste et me force à me boucher le nez ; c'est sans doute quelque vieux prêtre avare et sacrilége qui aura mis une pincée de colophane en poudre dans l'encensoir au lieu de myrrhe et de cinname.

VIRGO IMMACULATA.

Satanas gagnera.

MIZAEL.

Hélas !

AZAEL.

Oimè!

SATANAS.

Et vous, mademoiselle, n'avez-vous pas interrogé la fleur?

BLANCHEFLOR.

Pourquoi faire? Les fleurs n'ont rien d'agréable à me répondre.

SATANAS.

Comment cela?

BLANCHEFLOR.

Je ne suis pas assez belle et charmante pour que mon sort soit écrit en lettres d'argent autour des marguerites.

SATANAS.

Il doit être écrit, non autour des simples fleurs des champs, mais autour des étoiles des cieux en rayons de diamant.

BLANCHEFLOR.

Vous croyez parler à ma sœur.

SATANAS.

Moi! point, je vous jure.

ALIX.

Que dites-vous donc à Blancheflor, et qu'avez-vous à chuchoter comme si vous aviez peur d'être entendu?

SATANAS.

Je la félicitais sur ce bonheur qu'elle a d'être la sœur d'une aussi belle et gracieuse personne que vous êtes, et je lui marquais combien j'avais l'imagination frappée des mérites qu'on vous voit.

ALIX.

Vraiment! c'était là ce que vous lui disiez?

SATANAS.

Ce ne sont peut-être point les termes exprès, mais c'est quelque chose comme cela. (A part.) Par tous les saints du paradis! voilà une scène qui se pose d'une façon qui n'est pas des plus neuves, et qui m'a furieusement l'air de vouloir ressembler à la scène de don Juan entre les deux villageoises. Pour mon honneur de diable, j'aurais dû trouver quelque moyen plus original et ne pas faire le plagiaire comme un auteur à la mode, mais, bah! ce moyen est assez bon pour ces petites sottes; d'ailleurs, femmes et poissons se prennent au même appât depuis le commencement du monde; cent goujons viennent mordre à la même ligne, cent femmes à la même ruse; le poisson ne sort pas de la poêle pour aller conter aux autres comment il a été pris, et les femmes, qui sont pies dans toutes les autres occasions, sont poissons dans celle-là.

BLANCHEFLOR.

A quoi pensez-vous donc? vous avez l'air distrait.

SATANAS.

Je pensais à ceci : que, si j'étais vous, je n'oserais sortir ainsi dans les bois sans voile.

BLANCHEFLOR.

Pourquoi?

SATANAS.

De peur que les abeilles ne prissent mes joues pour deux roses et mes lèvres pour une grenade en fleur ; vos dents ont l'air de gouttes de rosée et leur pourraient donner le change.

BLANCHEFLOR.

Oh! les abeilles ne voleront pas sur mes lèvres.

SATANAS.

Les abeilles, peut-être que non, mais bien les baisers : les baisers sont les abeilles des lèvres, ils y volent naturellement.

Il la baise sur la bouche.

ALIX.

Que faites-vous donc ?

SATANAS.

Je montre à votre sœur comment je ferais pour vous embrasser.

Il l'embrasse à son tour.

ALIX, à part.

O suavité ! il me semble que mon âme se fonde, et le feu de ses lèvres a passé jusqu'à mon cœur.

SATANAS.

J'aurais mille choses à vous dire; quand pourrai-je vous voir? Quel mal y aurait-il à vous aller un soir promener au jardin et vous asseoir sous la tonnelle de lilas ? J'y vais quelquefois me reposer et rêver à celle que j'aimerai.

ALIX.

Il est si doux de respirer au clair de lune l'âme parfumée des fleurs !

SATANAS, à Blancheflor.

Votre sœur pense que je l'aime mieux que vous, mais elle a tort; vous êtes celle que je cherchais, et il y a déjà bien longtemps que je vous adore sans vous connaître.

BLANCHEFLOR.

C'est singulier, mais je suis avec vous comme si vous étiez un ancien ami, et, quoique ce soit la première fois que je vous voie, vous ne m'êtes pas étranger : je reconnais votre figure, votre son de voix ; j'ai déjà entendu ce que vous dites. Oui, c'est bien cela, vous êtes bien lui.

SATANAS.

En effet, nous sommes de vieilles connaissances.

A part.) Voilà bientôt quelque six mille ans que je t'ai séduite ; tu avais alors la figure d'Ève, moi celle du serpent. Pst, pst, c'est ainsi que je sifflais, pst !

BLANCHEFLOR.

Ah ! voilà ce que je cherchais à me rappeler, le discours dont je ne savais plus que quelques mots vagues et décousus.

SATANAS.

La petite a la mémoire bonne ; pour peu que je la remette encore sur la voie, elle va se ressouvenir de ce bienheureux jour où, sous les larges feuilles de l'arbre de science, je cueillis dans sa fleur la première virginité du monde et fis le plus ancien cocu dont l'histoire fasse mention. (Se penchant vers Alix.) Je suis fils cadet de l'empereur de Trébizonde ; j'ai six coffres pleins de diamants et d'escarboucles ; je puis, si tu le veux, décrocher deux étoiles du ciel pour t'en faire des boucles d'oreilles ; je te donnerai pour collier un fil de perles qui ferait le tour du monde ; je couperai un morceau du soleil pour te faire une jupe de brocart, et la lune nous fournira de la toile d'argent pour la doublure.

ALIX.

Oh ! rien de tout cela, mais un baiser de ta bouche.

SATANAS.

O précieuse innocence ! tu n'es encore bonne qu'à

étaler consciencieusement le beurre de chaque côté de la tartine et à faire des sandwichs pour le déjeuner. Il fallait prendre les diamants; le baiser n'en eût pas été moins savoureux ; c'est du reste la première femme qui, depuis que j'exerce le métier de tentateur, ait refusé des bijoux et de l'or. L'or et la femme s'attirent comme l'ambre et la paille.

BLANCHEFLOR.

Je t'aime tant, que je voudrais être toi pour ne te quitter jamais.

SATANAS.

Ange du ciel ! perle d'amour ! rougeur de la rose ! candeur du lait ! ô miel et sucre ! ô tout ce qu'il y a de pastoral et de charmant au monde ! cinname, manne distillée, fleur des prairies, noisette des bois ! ô vert-pomme et bleu de ciel ! On ne peut pas dire deux mots de galanterie à ces diables de femmes qu'elles ne vous condamnent aux galères d'amour à perpétuité ! Tu voudrais être moi, pauvre enfant ! Tu ne me ressembles guère en cela, et il y a longtemps qu'il m'ennuie d'être moi. Vois-tu, on est à soi-même un terrible fâcheux, un visiteur bien indiscret et un importun d'autant plus insupportable qu'il n'y a pas moyen de le mettre à la porte. Toutes les âmes n'ont pas un aussi joli logement que la tienne, et beaucoup souhaitent par ennui ce que tu souhaites par amour.

ALIX.

Je me donnerai à toi pour l'éternité.

SATANAS, à part.

Heuh! heuh! tu rencontres plus juste que tu ne penses. Pour l'éternité! Il ne s'agit pas ici de l'éternité des amoureux, dont il en peut tenir vingt-quatre à l'année, mais d'une belle et bonne éternité du bon Dieu, sans commencement ni fin, une vieille couleuvre qui se mord allégoriquement la queue, et dont personne ne connaît ni le père ni la mère.

BLANCHEFLOR.

On jouit du haut de la colline d'un point de vue délicieux; assise au penchant de la côte, j'aime à respirer la senteur des fèves et l'odeur du feuillage. Je regarde se coucher le soleil; je donne un baiser à la nature; la nature sourit si doucement aux yeux pendant les mois de la jeunesse et du printemps!

SATANAS, parlant tantôt à Alix, tantôt à Blancheflor.

La nature est en effet une chose fort agréable, et je vais indubitablement devenir un de ses plus assidus adorateurs. Au coucher du soleil sur la colline; au lever de la lune dans le berceau de lilas. Mes divinités, une affaire de la plus haute importance exige que je vous quitte. Adieu, ma colombe aux yeux bleus; adieu, ma gazelle aux yeux noirs; adieu, mon idéal; adieu, ma réalité;

adieu, mes infantes. Je baise vos petits pieds mignons et le bout de vos mains blanchettes. Serviteur.

Exit.

BLANCHEFLOR.

Il a vraiment des dents superbes ; ce sera un excellent mari.

ALIX.

Il a les ongles les mieux faits du monde. C'est un homme de grand mérite.

Exeunt.

SCÈNE X

La chambre d'Alix et de Blancheflor.

SATANAS.

Je ne connais pas de métier plus fatigant au monde que de faire semblant d'être amoureux, si ce n'est de l'être réellement ; j'aimerais autant être cheval de louage ou fille de joie. Ouf ! j'en ai la courbature ; mais les affaires sont en bon train. Le verre d'eau est presque gagné, et je crois que d'ici à peu je ne serai plus réduit à boire ma sueur salée pour me rafraîchir. Disposons toutes choses pour la réussite de nos projets. Asmodée ! Asmodée! ici. Ah çà! chien de boiteux, est-ce qu'il faudra que je t'appelle trois fois?

SCÈNE XI

ASMODÉE.

Plaît-il, seigneur?

SATANAS.

Pourquoi tardais-tu tant à venir?

ASMODÉE.

J'étais en train de débaucher une jeune fille au profit d'un riche vieillard ; comme elle était éprise d'un grand coquin de lansquenet bête comme un buffle, mais haut de cinq pieds onze pouces et large à proportion, j'ai eu beaucoup de mal.

SATANAS.

Il n'y a rien de vertueux comme une femme qui aime un portefaix. Mais ce n'est pas de cela qu'il s'agit, et je ne t'ai point appelé pour me rendre tes comptes. Il faut que tu me souffles ici ton haleine violette, et que tu m'allumes l'air de cette chambre du plus fin feu de luxure qui se puisse trouver.

ASMODÉE.

L'air de la cellule d'une nonne ou d'un cordelier ne sera pas plus embrasé et plus aphrodisiaque : du bitume, du soufre et de l'esprit-de-vin.

SATANAS.

C'est ce qu'il faut ; que tout soit en rut dans cette petite chambre virginale, jusqu'aux murailles et aux planchers ; que les armoires se trémoussent, que les fauteuils se tendent les bras, et tâchent de se joindre homocentriquement ; que les pots se démènent pour dégager leurs anses, se prendre au col, et s'embrasser à la bouche ; qu'un désir plus ardent que le feu Saint-Antoine prenne au ventre quiconque dépassera le seuil de cette porte.

ASMODÉE.

Vous voyez cette petite flamme couleur de punch qui voltige çà et là ; c'est la même que j'ai soufflée autrefois dans l'alcôve de Messaline. Si elle s'arrêtait une minute sur le cadavre d'une vierge morte depuis mille ans, on verrait aussitôt sa poussière s'agiter lubriquement et son ombre devenir plus coquette et plus libertine que feu la reine Cléopâtre en son vivant.

MAGDALENA, au paradis.

Plus d'une Oriane enverrait, s'il elle l'osait, respirer cet air-là à son vertueux Amadis.

VIRGO MARIA.

Fi ! que vous êtes libre en propos et que vous avez d'étranges idées, Magdalena !

SATANAS.

Voilà qui est bien. Asmodée, tu peux retourner à tes affaires ; en attendant l'effet de mon stratagème, je m'en vais, pour me distraire, écorcher vives les âmes d'un pape et de trois rois qui viennent de passer de ce siècle dans l'autre, car tout ceci devient d'un fade à vomir.

Evanescunt.

SCÈNE XII

LE FAUTEUIL.

Je brûle d'amour pour toi ; je te trouve si charmante sous ta robe à grandes fleurs blanches et vertes ! tu as des pieds si mignons, des bras si bien tournés, un dos si souple ? tu t'étales avec tant de grâce au coin de la cheminée, qu'il faut absolument que je me marie avec toi, ô ravissante bergère !

LA BERGÈRE.

Si je n'étais pas verte, et si mes paupières n'étaient pas retenues par des clous dorés, je rougirais et je baisserais les yeux, car vous mettez dans tout ce que vous dites un feu si surprenant et vous me regardez d'un air si vainqueur, que j'en suis toute déconcertée. Vous êtes un véritable Amilcar pour l'audace; et, si je n'avais peur que vous ne soyez un Galator pour l'inconstance, je donnerais peut-être à votre flamme un peu d'espérance pour aliment.

LE FAUTEUIL.

Laisse-moi baiser, ô mon adorable! ton petit pied à roulette de cuivre, et je serai le plus heureux fauteuil du monde.

LA BERGÈRE.

Monsieur, monsieur, lâchez ma jambe! O l'impudent fauteuil! Mais où avez-vous vu que l'on ait le pied au-dessus du genou! Scélérat! O ma mère! ma mère, oh!...

LE SILENCE.

Je ne dis rien et je fais penser beaucoup, bien différent en cela de ces auteurs qui parlent beaucoup et ne font rien penser. Je n'ai pas de langue et suis muet de naissance, et pourtant tout le monde me comprend. Aucun journaliste ne trouve rien à dire sur ma moralité, et, si l'auteur de cette triomphante comédie avait eu un peu plus souvent recours à moi, il aurait conservé l'estime du *Constitutionnel* et de son portier.

UNE CARAFE.

Mon cher pot bleu du Japon, si nous ne mettons un

peu plus de retenue dans nos caresses, nous allons nous casser en cent quatre-vingt-dix-neuf morceaux au moins.

LE POT.

Je crois en vérité que je suis fêlé ! Tu viens de me cogner si rudement avec une de tes facettes de cristal que j'en suis tout étourdi.

L'ARMOIRE.

A vos places, messieurs et dames ! que tout rentre dans l'ordre ; j'entends nos maîtresses monter.

SCÈNE XIII

BLANCHEFLOR, en elle-même.

Que fait donc le soleil dans le ciel? Les poëtes ont bien tort de lui donner un char attelé de quatre chevaux ; il marche aussi lentement qu'un paralytique avec ses béquilles.

ALIX, aussi en elle-même.

Ma lune chérie, soulève donc un pan de ce grand rideau bleu et montre-moi ta petite face d'argent plus claire qu'un bassin.

BLANCHEFLOR.

Au coucher du soleil, sur la colline. Qu'il est beau !

que je l'aime! Je suis aussi émue à sa seule pensée que si je le voyais devant moi. Il m'épousera! Oh! que je suis heureuse!

ALIX.

Au lever de la lune! Il me semble que je ne vis que depuis une heure. Je suis née au moment où je l'ai vu; les autres années de mon existence se sont passées dans les ombres de la mort.

BLANCHEFLOR.

Je sens un trouble extraordinaire.

ALIX.

Je ne sais ce qui se passe en moi.

LA MAIN DE BLANCHEFLOR.

Croyez-vous, Blancheflor, que, belle et bien faite comme je suis, toute pleine de fossettes, les doigts si effilés, les ongles si roses, j'aie envie de rester éternellement emprisonnée dans un gant? Le meilleur gant pour moi serait la main d'un jeune cavalier qui me serrerait tendrement, le plus bel anneau serait l'anneau du mariage.

LE SEIN D'ALIX.

Ce corset rigide me contraint cruellement et m'empêche de palpiter en liberté. Quand pourrai-je m'épanouir sous des lèvres chéries et me gonfler de lait dans la couche nuptiale?

LES PIEDS DE TOUTES DEUX.

C'est fort ennuyeux de porter continuellement nos maîtresses à vêpres et à la messe ; nous ne voulons plus les porter qu'à des rendez-vous d'amour, à des fêtes et à des bals ; nous voulons frétiller et battre la mesure, faire des entrechats et nous divertir de la belle manière.

ROSA MYSTICA.

Voici longtemps que je répands mes parfums au paradis de la virginité ; sera-ce donc la main du temps qui me cueillera, ou dois-je laisser choir une à une mes feuilles flétries sur une terre stérile ?

SATANAS.

En effet, ce serait dommage, et l'on y pourvoira.

BLANCHEFLOR.

Ma sœur, j'ai fort mal à la tête, l'air de cette chambre est brûlant, j'étouffe. Si j'allais me promener un peu, cela me ferait du bien. (A part.) Je tremble qu'elle ne me propose de m'accompagner.

ALIX.

Va, ma sœur ; mais, comme je me sens un peu lasse, tu ne m'en voudras pas de te laisser aller seule. (*Exit Blancheflor.*) Je ne savais comment la renvoyer ; maintenant, aiguille, accélère le pas ; timbre de l'horloge, mets-toi à chanter la plus belle heure de ma vie.

SCÈNE XIV

SATANAS.

Par la triple corne du plus sot mari qui soit d'ici à bien loin ! malgré mes ailes de chauve-souris et ma célérité bien connue, j'ai manqué arriver le dernier. Les pieds mignons d'une fille qui va au rendez-vous sont plus prompts que les ailes du grand diable lui-même, et celui qui va perdre son âme se hâte plus que celui qui va la lui gagner, à ce jeu de dés qu'on nomme amour dans le monde et luxure dans le catéchisme. Çà, prenons un air rêveur, et mettons sur notre face cuivrée un masque de mélancolie amoureuse et de galante impatience. Je la vois qui monte le revers du coteau ; elle semble plutôt glisser que marcher ; le désir la soutient en l'air, lui met des plumes au talon, et ne la laisse toucher le sol que du bout des orteils ; sa face rayonne de béatitude, des effluves ondoyantes voltigent avec ses blonds cheveux autour de sa tête transparente ; elle éclaire l'air qui l'environne, et ses yeux répercutent plutôt la lumière qu'ils ne la reflètent. Comme elle court joyeusement à sa damnation ! Pas une hésitation, pas un regret ; et pourtant, dans ses idées, ce qu'elle va faire est la plus impardonnable des fautes. Mais elle aime ; elle est si heureuse de se perdre, de montrer à son amant qu'elle renonce pour lui à sa couronne d'étoiles, comme à sa couronne d'oranger ! Bien peu d'âmes comprennent ce plaisir ineffable et profond de se fermer les portes du monde et les portes du ciel pour se cloîtrer à tout jamais dans l'amour de la personne aimée. Cette âme qui va être à moi tout à l'heure est une de ces âmes. En vérité, pour son premier amour, elle méritait de rencontrer mieux, et j'ai presque regret de prendre celle qui se donne si franchement, si noblement, sans arrière-pensée, sans précaution. Elle ne m'a pas même demandé mon nom, elle ne veut savoir de moi que mon amour. D'honneur ! si je pouvais faire usage de sacrements, je l'épouserais très-volontiers, car c'est une brave fille.

BLANCHEFLOR.

Vous m'attendiez ; il n'est cependant pas l'heure, et il me semblait, comme à vous, qu'il était plus que l'heure. O cher cœur ! vous m'attendiez !

SATANAS.

Je vous attends depuis l'éternité, et, si tôt que vous veniez, je vous attends toujours.

BLANCHEFLOR.

Vous dites là ce que j'ai pensé en vous voyant pour la première fois ; j'ai pensé que vous aviez bien tardé à venir.

SATANAS.

C'est que nous étions faits l'un pour l'autre ; c'est que nos âmes sont jumelles et accouraient d'un bout du monde à l'autre pour s'embrasser et se confondre. Nos âmes sont comme deux gouttes de pluie qui glissent le long de la même feuille de rose, et qui, après avoir cheminé quelque temps côte à côte, se touchent d'abord par un point, puis entremêlent leur cristal fraternel et finissent par ne former qu'une seule et même larme.

BLANCHEFLOR.

Ma goutte d'eau est une larme de joie.

SATANAS.

La mienne est une larme bien amère ; aucun œil mortel ne pourrait en pleurer une semblable sans devenir aveugle. Il n'y a que moi qui aie pu la pleurer et ne pas en mourir.

BLANCHEFLOR.

Oh ! laisse-moi la boire.

SATANAS.

Le jus laiteux de l'euphorbe, le sang noir du pavot, l'eau qui dissout tous les vases, excepté les vases de corne, le venin de l'aspic et de la vipère, ont un poison moins subtil et moins prompt.

BLANCHEFLOR.

On dit qu'il y a des bouches qui sucent sans danger la morsure des serpents et la guérissent; est-ce que l'amour ne pourrait guérir d'un baiser les morsures de la douleur sans en prendre le venin?

SATANAS.

Essayons.

BLANCHEFLOR.

Sur tes yeux et ta bouche.

SATANAS.

Sur ton sein.

BLANCHEFLOR.

Pas ici ; plus tard. Oh ! je t'en prie, ne va pas croire au moins que je veuille t'éviter ; j'irais jusqu'à toucher l'horizon du bout du doigt pour me donner à toi tout entière et sans réserve. Je ne suis pas de ces femmes qui s'économisent et se détaillent, qui donnent un jour une main à baiser, l'autre jour le front ou le bas de leur robe, pour faire durer plus longtemps l'amour par le désir. Je ne suis pas comme ces buveurs qui ont un flacon d'une liqueur précieuse et qui n'en boivent qu'une larme tous les jours ; je vide la coupe d'un seul coup et je me donne en une fois. Quand tu devrais m'abandonner au bout d'une heure, je serais satisfaite ; je serais sûre, au moins, que tu m'aurais aimée cette heure-là, et qui peut dire qu'il ait été véritablement aimé une heure pendant sa vie ? C'est le dernier caprice de ma virginité expirante ; c'est la première chose que je te demande, accorde-la-moi, je veux encore revoir une dernière fois la petite chambre où j'ai passé tant d'années pures et limpides, je veux jeter encore un regard sur ma vie de jeune fille. Et puis j'ai sur ma fenêtre, dans une cage, une petite colombe sauvage qui ne fait que gémir la nuit et la journée ; je voudrais lui donner sa volée avant de partir avec toi pour ne plus revenir.

SATANAS.

Et ta sœur, comment l'écarter ?

BLANCHEFLOR.

Je n'y pensais plus ; je ne pense qu'à toi maintenant ; tu es le seul être qui existe au monde à mes yeux, et tu fais un désert autour de toi.

SATANAS.

Prends cette fiole, verse une goutte de la liqueur qu'elle contient dans le verre de ta sœur, le tonnerre du ciel et le canon de la terre gronderaient à son oreille, elle ne se réveillerait pas. (*A part.*) C'est moi qui l'irai réveiller.

BLANCHEFLOR.

Il n'y a pas de danger pour elle?

SATANAS.

Non; aussitôt que la nuit noire aura jeté ses épaisses fourrures sur ses épaules, je serai sous la fenêtre avec deux chevaux; je frapperai trois coups et tu viendras.

BLANCHEFLOR.

Adieu, je te laisse mon âme.

Exit Blancheflor.

SCÈNE XV

SATANAS.

Voici une jeune créature qui s'exprime avec beaucoup de facilité et qui n'est point tant sotte que je l'aurais cru; tudieu! comme elle parlait d'abondance, et les beaux yeux qu'elle avait! Si je n'étais le diable, c'est-à-dire un personnage assez peu érotique, je croirais en vérité que je joue au naturel le rôle d'amoureux, car je me suis senti au fond de moi deux ou trois petits mouvements qui pourraient bien être de la concupiscence, ou de l'amour, pour parler un langage plus harmonieux et plus honnête. Mais, à propos de l'autre, je lui ai donné rendez-vous au lever de la lune, sans songer qu'il n'y avait pas de lune aujourd'hui.

LE BON DIEU.

Satanas, vous avez des griffes aux doigts, mais vous mériteriez d'y avoir des membranes, car vous êtes bête comme une oie. Qu'allez-vous faire? vous improviserez-vous une lune avec un transparent de papier huilé et un quinquet derrière, comme on fait à l'Opéra? car il vous faut une lune.

SATANAS.

C'est une distraction un peu forte que j'ai eue là ; c'est le propre des grands génies d'être distraits. Vous-même avez commis une bien plus étrange distraction lorsqu'en créant la femme vous avez cru faire la femelle de l'homme. Ma bévue n'est pas d'ailleurs fort considérable ; la chère demoiselle, le ciel fût-il noir comme la voûte d'un four ou l'âme d'un procureur, elle y verra la lune, le soleil, toutes les planètes avec leurs satellites, car il n'y a pas d'éclipse pour l'étoile d'amour. Cependant je serais bien aise que le soleil eût la complaisance de s'enfariner la physionomie pour ce soir seulement et de doubler sa sœur, puisqu'elle est indisposée.

LE BON DIEU.

Diable ! nous ne sommes pas en carnaval pour qu'on se déguise ainsi ; je ne puis déranger mon soleil comme cela : je ne l'ai fait qu'une fois en faveur de Josué ; mais je m'en vais, pour te montrer que je suis un ennemi généreux, créer tout exprès un météore de la couleur et de la forme de la lune ; car je veux voir la fin de cette comédie, et je ne veux pas faire manquer le dénoûment pour si peu.

Paraît un météore.

SATANAS.

Je ne sais comment vous remercier de votre obligeance ; mais, si vous avez jamais de l'amour pour quelqu'un, je vous promets de ne pas le tenter.

SCÈNE XVI

L'AUTEUR.

Je vous avouerai que voici déjà bien longtemps que je fais parler les autres et que je serais fort aise de trouver jour à placer convenablement mon petit mot. Cette comédie est universelle : elle embrasse le ciel et la terre ;

chaque partie de la création y joue son rôle, depuis
l'étoile jusqu'à la pierre, depuis l'ange jusqu'au lapin.
La cloche y a une langue, les bêtes y parlent comme des
personnes et les personnes comme des bêtes ; il n'y a
que moi qui n'aie rien dit. Je ne vois pas pourquoi ; car,
si humble que je sois, je pense que je puis me mêler à
la conversation, ô cher lecteur ! et que tu n'auras aucune
répugnance à échanger une idée ou deux avec un honnête garçon. Je te confierai donc que je suis fort embarrassé pour le moment, et que je suis entré dans un
cul-de-sac dont je ne puis sortir. Ce drame, quoique
certainement un des plus beaux qui aient jamais serpenté à travers les circonvolutions d'une cervelle humaine, renferme cependant un défaut essentiel, c'est
que l'action, si action il y a, est double sans être différente. Je n'aurais dû mettre qu'une jeune fille au lieu
de deux ; je me serais évité un tas d'imbroglios plus
nextricables les uns que les autres, et une foule d'aparté
et d'indications en petits caractères qui dérangent singulièrement l'économie et la symétrie de l'impression. Mais
j'ai cru naïvement que, si une faisait bien, deux feraient
deux fois bien ; j'espérais des effets très-agréables à
cause du contraste ; je m'étais promis de faire un portrait circonstancié des deux créatures ; je n'aurais pas
omis le plus léger duvet, le signe le plus imperceptible ;
l'une aurait été blonde et l'autre brune, ce qui me paraissait une observation de caractère assez profonde

pour intéresser vivement. Mais je n'ai pas trouvé le moyen d'enchâsser dans mon drame les deux descriptions que j'avais faites d'avance d'après le vif sur deux belles personnes que je connais et dont je voudrais bien faire autre chose que des descriptions en prose poétique. On vient de voir une scène d'amour entre Satan et Blancheflor ; pour continuer cette action bicéphale, il faut qu'il arrive maintenant une scène d'amour entre Alix et Satan ; ces deux fils d'intrigues tordus ensemble sont comme deux spirales qui montent en sens inverse dans le même diamètre et qui se rencontrent forcément à de certains endroits. Je n'y puis rien ; cela me prouve seulement que l'on doit préférer pour soutenir son édifice la colonne droite à la colonne torse, et assurément le premier drame que je ferai sera mixtionné selon la recette d'Aristote, et aucune des unités n'y sera violée. Maintenant, ô lecteur ! je réclame ton indulgence pour la scène qui va suivre, et, si tu trouves qu'elle a beaucoup de ressemblance avec l'autre, ne t'en prends qu'à l'amour et non pas à moi. L'amour est extrêmement monotone de sa nature et ne sait conjuguer qu'un seul verbe, qui est le verbe *amo*, j'aime, ce qui ne serait pas pas très-récréatif pour ceux qui écoutent. Mais qu'y faire ?

SCÈNE XVII

SATANAS, dans le jardin.

Elle ne vient pas ! Est-ce qu'il lui serait survenu des scrupules? Tous les jours la chose arrive; elle arrive aussi la nuit, quoique plus rarement. Cela commence à m'inquiéter. Perdrai-je mon pari? Je n'ai plus que deux heures devant moi, et, réellement, c'est peu, tout diable que je suis. Il faut quelquefois des mois entiers à ces virginités-là. Est-ce que Blancheflor aurait eu déjà le temps de lui verser le philtre? je ne le pense pas. Cela ne ferait pas mon compte. Mais j'entends son pas, plus léger que le pas d'un oiseau; je sens son odeur, plus douce que l'odeur des violettes. Alix, j'avais peur que vous ne vinssiez pas.

ALIX.

Je suis toute tremblante. Personne ne m'a vue?

SATANAS.

Personne. Il n'y a maintenant que les étoiles qui aient les yeux ouverts.

ALIX.

C'est la première fois que je sors la nuit. Qu'est-ce qui vient de remuer derrière nous?

SATANAS.

C'est le vent qui lutine quelque feuille, ou un sylphe qui revient se coucher au cœur de sa rose.

ALIX.

Pardonnez mes folles terreurs ; je ne devrais craindre que de ne pas être aimée de toi.

SATANAS.

Si tu n'as que cela à craindre, tu peux être plus brave qu'Alexandre ou César.

ALIX,

Vous m'aimez donc ?

SATANAS.

Si je t'aime !

ALIX.

Vous le dites; je voudrais le croire, et je ne le crois pas.

SATANAS.

Hélas! vous ne m'aimez donc pas, puisque vous ne croyez pas ce que je vous dis?

ALIX

Je vous aime; le croyez-vous?

SATANAS

Comme je crois à moi-même. Aie foi en moi comme j'ai foi en toi.

ALIX.

Je ne puis. Quelque chose me crie au fond du cœur que je me perds, que tu n'es pas ce que tu parais être; que les paroles mentent à tes pensées. Je vois bien briller dans tes yeux une flamme surnaturelle, mais ce n'est pas le feu divin, ce n'est pas le feu de l'amour. Ce n'était pas ce regard que j'avais mis dans les yeux du bien-aimé que je rêvais, et pourtant il me plaît bien mieux. Je sens qu'en marchant vers toi je marche vers un précipice, et je ne puis m'arrêter, et je ne le voudrais pas. Qui es-tu donc, pour avoir une telle puissance?

SATANAS

Quelqu'un de bien malheureux!

ALIX.

Qui es-tu donc, pour te dire malheureux étant sûr d'être aimé?

SATANAS.

Je ne te dirai ni qui je suis ni quel est mon malheur; aucune langue humaine ne pourrait donner une idée de ce que je souffre, aucune oreille ne doit entendre mon nom. Qu'il te suffise de savoir que jamais femme n'a été aimée par un homme comme tu l'es par moi. (A part.) Je commence vraiment à penser ce que je dis. O beauté ! ton effet est aussi puissant sur les diables que sur les anges.

ALIX.

Oh ! bien comme cela ! Ta voix est bien la voix des paroles que tu dis; je te crois maintenant. Il y a dans ta personne quelque chose de fatal que je ne puis définir, qui m'effraye et me charme. On lit sur ton front un malheur irréparable; tu es de ceux qui ne se consolent pas, et je donnerais ma vie pour te consoler. Je voudrais être plus belle que je ne suis. Je voudrais être un ange, car il me semble que ce n'est pas assez pour toi d'être simple fille des hommes.

VIRGO IMMACULATA, au paradis.

Satanas s'attendrit visiblement; il vient de poser sur le front de cette jeune fille un baiser aussi chaste que s'il était sorti du collége depuis quinze jours.

SATANAS.

O délicieux ressouvenir des voluptés du ciel !

LE BON DIEU.

Je vois d'ici se former dans le coin de son œil une perle qui vaut mieux que celle de Cléopâtre. Azraël.

rendez grâce au hasard de ce que Satanas soit d'humeur platonique aujourd'hui. Prenez la coupe de diamant et descendez vite recueillir cette précieuse larme; elle tremble au bout de ses cils et va bientôt se détacher.

ALIX.

Je t'adore! je suis à toi!

L'HORLOGE DE L'ÉTERNITÉ.

Un, deux, trois.

AZRAEL.

J'arrive à temps; la perle allait tomber.

L'HORLOGE DE L'ÉTERNITÉ.

Quatre, cinq, six.

SATANAS.

C'est l'heure!... Voilà Azraël. J'ai perdu!

ALIX.

Quoi donc? Quelle est cette apparition?

AZRAEL.

Je suis ton ange gardien. Celui-là, c'est le diable!

Alix s'évanouit.

L'HORLOGE DE L'ÉTERNITÉ.

Minuit!... Elle est sauvée!

LE BON DIEU.

Satanas, vous avez été autrefois le plus beau de mes anges et celui que j'aimais le mieux ; tout déchu que vous êtes, vous conservez encore quelques vestiges de ce que vous avez été, et vous n'êtes pas totalement méchant. Cette larme que j'ai fait recueillir dans une coupe de diamant sera pour vous un breuvage précieux dont l'intarissable fraîcheur vous empêchera de sentir les flammes dévorantes de l'enfer ; elle vaudra mieux que le verre d'eau que vous demandiez. Félicitez-vous d'avoir perdu. Vous, Azraël et Mizaël, allez retirer du monde les deux âmes que vous aimez et les épousez sur-le-champ, de peur qu'il n'arrive malheur : car Satanas est un séducteur très-habile, et il ne sera peut-être pas toujours aussi bon diable que cette fois-ci.

SATANAS.

Si je pouvais lui demander pardon de ma révolte ! Oh ! non, jamais !

Exit.

MAGDALENA.

Pauvre Satanas ! il me fait vraiment pitié. Est-ce que vous ne le laisserez pas revenir dans le ciel ?

LE BON DIEU.

L'arrêt est irrévocable. Je ne puis pas me parjurer comme un roi de la terre.

VIRGO MARIA.

Il a tant souffert!

MAGDALENA.

Laissez-vous fléchir. Vous qui êtes si bon, comment pouvez-vous supporter cette idée, qu'il y ait quelqu'un d'éternellement malheureux par votre volonté?

LE BON DIEU.

Dans quelque cent mille ans d'ici nous verrons.

FIN D'UNE LARME DU DIABLE.

LA
FAUSSE CONVERSION

ou

BON SANG NE PEUT MENTIR

LA FAUSSE CONVERSION

OU

BON SANG NE PEUT MENTIR

Un salon.

SCÈNE PREMIÈRE

FLORINE.

Mes chers seigneurs, je ne puis que vous répéter ce que je vous ai déjà dit, — ma maîtresse n'y est pas.

LE DUC.

Ceci est de la dernière fausseté, je l'ai vue en descendant de ma chaise, — le front appuyé à la vitre de sa fenêtre.

LE CHEVALIER.

Je ne croirai qu'elle n'y est pas que si elle vient nous le dire elle-même.

LE DUC.

Nous prend-elle pour des créanciers, ou pour des hommes de lettres qui viennent lui offrir des dédicaces?

M. DE VAUDORÉ.

Nous ne sommes pas des drôles et des maroufles sans consistance; — cette consigne ne nous regarde pas. — Messieurs, vous n'avez pas la vraie manière d'interroger les soubrettes. (Il tire sa bourse.) — Tiens, Florine, sois franche, ta maîtresse est chez elle?

FLORINE.

Oui, monsieur.

M. DE VAUDORÉ.

Je savais bien, moi, que je la ferais parler.

LE CHEVALIER.

Voilà qui est féroce de se céler de la sorte à des amis tels que nous, qui n'avons jamais manqué un de ses soupers. — Quelle ingratitude!

M. DE VAUDORÉ.

Fais-nous entrer, petite.

FLORINE.

Votre éloquence est bien persuasive, monsieur ; mais je me vois, bien à regret, forcée de garder votre bourse sans vous ouvrir la porte.

M. DE VAUDORÉ.

Ah çà ! mais, — Florine, tu es pire que Cerbère : tu prends le gâteau, et tu ne laisses point passer.

FLORINE.

Je connais mes devoirs.

LE DUC.

Puisque les choses en sont là, je suis décidé à faire le siége de la maison ; je vais établir un pétard sous la porte ou pousser une mine jusque dans l'alcôve de Célinde. Je sais où elle est, Dieu merci !

FLORINE.

Monsieur le duc est un homme terrible !

M. DE VAUDORÉ, à part.

J'ai bien envie de retourner faire ma cour à la Rosimène ; — il est vrai qu'elle m'a reçu fort durement. — Être chassé, ou ne pas être admis, les chances sont égales; — je reste. — Mon Dieu, qu'en ce siècle de corruption il est difficile d'avoir une affaire de cœur !

LE CHEVALIER.

Allons, Florine, ne nous tiens pas rigueur, il n'est pas dans tes habitudes d'être cruelle.

FLORINE.

Vous aimez vous faire répéter les choses : — ma maîtresse est chez elle, c'est vrai, mais c'est comme si elle n'y était pas. Madame ne veut recevoir personne, ni aujourd'hui, ni demain, ni après; c'est une chose résolue; nous voulons vivre désormais loin du bruit et du monde, dans une solitude inaccessible.

LE DUC.

Traderi-dera, — nous y mettrons bon ordre; nous n'avons pas envie de mourir d'ennui tout vifs. Nous poursuivrons Célinde jusqu'au fin fond de sa Thébaïde.— Que diable! après avoir montré à ses amis un si joli visage pétri de lis et de roses, on ne leur fait pas baiser une figure de bois de chêne étoilée de clous d'acier.

LE COMMANDEUR.

Célinde, la perle de nos soupers ! Célinde qui trempait si gaillardement ses jolies lèvres roses dans la mousse du vin de Champagne moins pétillant qu'elle !

LE MARQUIS.

Célinde qui chantait si bien les couplets au dessert, qui nous amusait tant! Célinde, ce sourire de notre joie, cette étoile de nos folles nuits!

LE CHEVALIER.

Elle se retire du monde!

LE DUC.

Elle se fait ermite et vertueuse!

LE CHEVALIER.

C'est ignoble!

LE DUC.

C'est monstrueux!

M. DE VAUDORÉ.

Que faites-vous donc, ainsi claquemurées? A quoi passez-vous votre temps?

FLORINE.

Nous lisons le *Contrat social*, et nous étudions la philosophie.

LE COMMANDEUR.

Je gage que votre philosophie a des moustaches et des éperons.

LE MARQUIS.

Célinde est amoureuse d'un nègre ou d'un poëte, pour le moins.

LE DUC.

Quelque espèce de ce genre.

LE CHEVALIER.

Fi donc! Célinde est une fille qui a des sentiments et qui n'aime qu'en bon lieu; c'est un caprice qui ne peut durer.

LE COMMANDEUR.

Comment allons-nous faire pour nous ruiner?

LE MARQUIS.

Elle avait une fantaisie inventive à dessécher en un an la plus riche veine des mines du Pérou. Il faudra maintenant trouver nous-mêmes la manière de dépenser notre argent. Son absence se fait cruellement sentir. Vous n'allez pas me croire, tant c'est ridicule, mais il y a plus de quinze jours que je n'ai rien emprunté; je ne sais que faire de mes richesses. Tiens, duc, veux-tu que je te prête mille louis?

LE DUC.

Merci; je joue du soir au matin pour me préserver d'une congestion pécuniaire.

LE MARQUIS.

Il faut y prendre garde, c'est grave. Vois plutôt ce gros financier, il est bourré d'écus, de louis, de doublons et de quadruples que son gilet mordoré a toutes les peines du monde à contenir, il va éclater un de ces jours, il mourra d'or fondu.

LE DUC.

Il n'y avait que Célinde pour empêcher de pareils malheurs !

LE CHEVALIER.

Qu'allons-nous faire aujourd'hui ?

LE DUC.

Ma foi, je ne sais, mon cher; je m'étais arrangé dans l'idée de passer ma soirée chez Célinde. Du diable si j'imagine rien !

LE COMMANDEUR.

Parbleu ! restons. Si Célinde ne veut pas y être, ce n'est pas notre faute. Nous sommes ici un peu chez nous, d'ailleurs.

LE DUC.

J'ai donné la maison.

LE COMMANDEUR.

Moi, l'ameublement.

LE MARQUIS.

Moi, la livrée et les équipages.

LE CHEVALIER.

Nous sommes ici en hôtel garni...

TOUS.

Par nous.

LE COMMANDEUR.

Restons-y.

LE CHEVALIER.

Voilà des cartes; faisons un whist.

FLORINE.

Y pensez-vous, messieurs ? — Vous oubliez que vous n'êtes pas chez vous.

LE DUC.

Au contraire, ma belle, nous nous en souvenons. — A combien la fiche, monsieur le chevalier ?

LE CHEVALIER.

A un louis, pour commencer.

FLORINE.

Messieurs, de grâce...

LE CHEVALIER.

Si tu dis un mot de plus, Florine, l'on te fera embrasser M. de Vaudoré, qui est aujourd'hui dans un de ses beaux jours de laideur.

FLORINE.

Je vous cède la place, et vais informer ma maîtresse de ce qui se passe.

LE DUC.

Ce serait vraiment un meurtre de laisser prendre à une aussi jolie fille que Célinde des habitudes sauvages et gothiques ; maintenons-la malgré elle dans la bonne route, et ne lui laissons pas perdre les traditions de la belle vie élégante.

LE CHEVALIER.

La voici elle-même ; notre obstination a produit son effet.

SCÈNE II.

LES MÊMES, CÉLINDE.

LE DUC.

Ma toute belle, vous voilà donc enfin : vous voyez ici un duc, un marquis, un commandeur, un chevalier, et même un financier, qui se meurent de votre absence. D'où vous vient cette cruauté tout à fait hyrcanienne, qui vous rend insensible aux soupirs de tant d'adorateurs? — Ce pauvre chevalier en a perdu le peu de sens qu'il avait; il se néglige, ne se fait plus friser que trois fois par jour, et porte la même montre toute une semaine. — C'est un homme perdu.

CÉLINDE.

Monsieur, cessez vos plaisanteries, — je ne suis pas d'humeur à les souffrir, — et dites-moi pourquoi vous restez chez moi de force et malgré mes ordres? Est-ce parce que je suis danseuse et que vous êtes duc?

LE DUC.

La violence de mon désespoir m'a rendu impoli. Je n'avais pas d'autre moyen; je l'ai pris.

LE CHEVALIER.

Vous manquez à tout Paris.

LE COMMANDEUR.

L'univers est fort embarrassé de sa personne et ne sait que devenir.

LE DUC.

Si vous saviez comme Vaudoré devient stupide, depuis qu'il ne vous voit plus!

CÉLINDE.

Vous voulez absolument que je quitte la place. Cette obstination est étrange; vouloir visiter les gens en dépit d'eux !

LE COMMANDEUR.

Méchante ! est-ce que l'on peut vivre sans vous ?

CÉLINDE.

Je vous assure que je n'ai pas la moindre envie de vous voir, et que je ne forcerai jamais votre porte. — Retirez-vous, de grâce ; c'est le seul plaisir que vous puissiez me faire.

M. DE VAUDORÉ, à part.

Oh ! le petit démon ! — Décidément je ne lui parlerai pas de ma flamme, et je garderai pour une occasion meilleure ce petit quatrain galant écrit au dos d'une traite de cinquante mille écus que j'avais apportée tout exprès dans ma poche. — Je crois, en vérité, que la Rosimène est encore d'humeur moins revêche. Il me prend je ne sais quelles envies d'y retourner.

LE CHEVALIER.

Cela n'est pas aimable. — Nous traiter ainsi, nous, vos meilleurs amis !

CÉLINDE.

Vous n'êtes pas mes amis, — je l'espère, — quoique

vous remplissiez ma maison. Mes jours couleront désormais dans la retraite. Je ne veux plus voir personne.

LE DUC.

Personne, à la bonne heure ; mais moi, je suis quelqu'un.

CÉLINDE.

Laissez-moi vivre à ma guise. — Oubliez-moi, cela ne vous sera pas difficile. Assez d'autres me remplaceront : vous avez Daphné, Laurina, Lindamire, — tout l'Opéra, toute la Comédie. — On vous recevra à bras ouverts. — Je vous ai assez amusés; j'ai assez chanté, assez dansé à vos fêtes et à vos soupers ; que me voulez-vous? Vous avez eu ma gaieté, mon sourire, ma beauté, mon talent. — Que ne puis-je vous les reprendre ! — Vous avez cru payer tout cela avec quelques poignées d'or. Ennuyez-vous tant qu'il vous plaira, que m'importe? D'ailleurs, je ne vous amuserais guère : mon caractère a changé totalement. J'ai senti le vide de cette frivolité brillante. — Pour avoir trop connu les autres, le goût des plaisirs simples m'est venu. Je veux réfléchir et penser, c'est assez vous dire qu'il ne peut plus y avoir rien de commun entre nous.

LE CHEVALIER.

C'est Célinde qui parle ainsi?

CÉLINDE.

Oui, moi. — Qu'y a-t-il donc là de si étonnant? Cela ne me plaît plus de rire, je ne ris plus. Je ne veux voir personne, — je ferme ma porte, voilà tout.

LE COMMANDEUR.

Quel caprice singulier que d'éteindre, au moment de son plus vif éclat, un des astres les plus lumineux du ciel de l'Opéra!

CÉLINDE.

Rien n'est plus simple : je vous divertis et vous ne me divertissez pas. Croyez-vous, monsieur le duc, qu'il soit si agréable de voir toute une soirée M. le marquis, renversé dans un fauteuil, dandiner une de ses jambes, tirer de sa poche un petit miroir, et se faire à lui-même les mines les plus engageantes?

LE DUC.

En effet, ce n'est pas fort gai.

CÉLINDE.

Et vous, chevalier, trouvez-vous que M. le duc, qui ne fait que parler de sa meute, de ses chevaux et de ses équipages, et qui est, sur tout ce qui regarde l'écurie, d'une profondeur à désespérer un palefrenier anglais, soit réellement un personnage fort récréatif?

LE CHEVALIER.

C'est vrai que la conversation n'est pas le fort de ce pauvre duc.

CÉLINDE.

Commandeur, vous n'êtes plus que l'ombre de vous-même; votre principal mérite consiste à être grand mangeur et grand buveur; vous n'êtes pas un homme, vous êtes un estomac; vous avez baissé d'un dindon, et six bouteilles seulement vous troublent la cervelle; vous vous endormez après dîner, — dormez chez vous.

M. DE VAUDORÉ.

Que les apparences sont trompeuses! moi qui la croyais si douce et si charmante!

CÉLINDE.

Quant à M. de Vaudoré, c'est un sac d'écus avec un habit et un jabot; — qu'on le serre dans un coffre-fort, c'est sa place.

TOUS.

Bien dit, bien dit; elle a toujours de l'esprit comme un diable.

LE DUC.

Vous ne voulez pas venir à Marly?

CÉLINDE.

Non.

LE CHEVALIER.

Au concert de musique qui se donne aux Menus, et où l'on entendra ce fameux chanteur étranger?

CÉLINDE.

Non, vous dis-je.

LE COMMANDEUR.

Il vient de m'arriver du Périgord certaines maîtresses truffes qui ne seraient pas méchantes, arrosées d'un petit vin que j'ai, — dans un coin de ma cave connu de moi seul; — venez souper avec nous.

CÉLINDE.

Non, non, mille fois non! je ne veux plus vivre que de fraises et de crème; tous vos mets empoisonnés ne me tentent pas.

LE COMMANDEUR.

Des mets empoisonnés, — des truffes de premier choix! Ne répétez pas ce que vous venez de dire, ou vous seriez perdue de réputation. Pour que vous teniez de semblables propos, il faut qu'il se soit passé quelque chose d'étrange dans votre esprit. Vous avez lu de mauvais livres, ou vous êtes amoureuse, — ce qui est de pauvre goût, et bon seulement pour les couturières.

CÉLINDE, à part.

Ils ne s'en iront pas! — S'ils se rencontraient avec Saint-Albin!

LE DUC.

Vous brûlez d'un amour épuré pour quelqu'un de naissance ambiguë que vous n'osez produire, — un courtaud de boutique, un soldat, un barbouilleur de papier. — Prenez-y garde, Célinde, vous ne pouvez descendre plus bas que les barons. — Il faut être duchesse ou reine pour se permettre le caprice d'un laquais ou d'un poëte, sans que cela tire à conséquence. — Voilà ce que j'avais à vous dire dans votre intérêt. Maintenant je vous abandonne à votre malheureux sort. — Messieurs, puisque Célinde est si peu hospitalière aujourd'hui, venez passer la nuit chez moi. — Nous boirons, et, au dessert, Lindamire et Rosimène danseront sur la table un pas nouveau avec accompagnement de verres cassés. — Madame, je mets mes regrets à vos pieds.

M. DE VAUDORÉ.

J'avais pourtant bien envie de lui glisser mon quatrain.

SCÈNE III

CÉLINDE.

Partis enfin! cela a été difficile. — Ils avaient ici leurs habitudes; ils étaient à l'aise comme chez eux, plus que chez eux. — Une danseuse, une fille de théâtre, cela ne gêne pas. — C'est comme un chat familier, une levrette qui joue par la chambre. — Ah! mes chers marquis, je vous hais de toute mon âme. — Étaient-ils naïvement insolents! quel ton de maîtres ils prenaient; ils se seraient volontiers passés de moi dans ma maison ; — mais où avais-je la tête, où avais-je le cœur, de ne point voir cela, de ne m'en être aperçue qu'aujourd'hui? — Ils ont toujours été ainsi; moi seule suis différente : Célinde la danseuse, Célinde la folle créature, — la perle des soupers, comme ils disent, Célinde n'est plus; — il est né en moi une nouvelle femme. — Depuis que j'ai lu les œuvres du philosophe de Genève, mes yeux se sont dessillés. Je n'avais jamais aimé. Je n'avais pas rencontré Saint-Albin, ce jeune homme à l'âme honnête, au cœur enthousiaste, épris des charmes de la vertu et des beautés de la nature, qui chaque soir, après l'Opéra, déclame si éloquemment dans mon boudoir contre la corruption des villes, et fait de si charmants tableaux de la vie innocente des pasteurs! Quelle sensibilité naïve! quelle fraîcheur d'émotion et quelle jolie figure! Non, Saint-Preux lui-même n'est pas plus passionné.—S'ils avaient su, ces marquis imbéciles, que j'adore un jeune précepteur portant le nom tout simple de Saint-Albin, un frac anglais et des cheveux sans poudre, ils n'auraient pas assez de brocards, assez de plaisanteries... Mais le temps presse... C'est ce soir que je dois quitter ces lieux, théâtre de ma honte... J'ai écrit à Francœur que je rompais mon engagement. Renvoyons ces présents, prix de coupables faiblesses. (Elle sonne.) Florine, reporte ces bracelets à M. le duc, cette rivière au chevalier.

SCÈNE IV

GÉLINDE, SAINT-ALBIN

CÉLINDE.

Enfin! — J'ai cru que vous ne viendriez pas.

SAINT-ALBIN.

Il n'est pas l'heure encore.

CÉLINDE.

Mon cœur avance toujours. — Personne ne vous a vu?

SAINT-ALBIN.

Personne. La ruelle était déserte.

CÉLINDE.

Ce n'est pas que je rougisse de vous, — bien que vous ne soyez ni duc ni traitant ; — mais je crains pour mon bonheur. — Nos grands seigneurs blasés ne me pardonneraient pas d'être heureuse.

SAINT-ALBIN.

Est-ce qu'ils vous entourent toujours de leurs obsessions?

CÉLINDE.

Toujours. — Mais j'ai pris mon parti. — J'abandonne pour vous la gloire, les planches, la fortune. Je quitte le théâtre.

SAINT-ALBIN.

Vous renoncez à l'Opéra!

CÉLINDE.

Cela m'ennuie de vivre dans les nuages et dans les

gloires mythologiques. J'abdique; de déesse, je redeviens femme. — Je ne serai plus belle que pour vous, monsieur.

SAINT-ALBIN.

Comment reconnaître une pareille marque d'amour?

CÉLINDE.

Les répétitions ne viendront plus déranger nos rendez-vous. Nous aurons tout le temps de nous aimer.

SAINT-ALBIN.

Oui, ma toute belle... Vingt-quatre heures par jour, ce n'est pas trop.

CÉLINDE.

Nous vivrons à la campagne, tout seuls, dans une petite maison avec des contrevents verts, sur le penchant d'un coteau exposé au soleil levant; nous réaliserons l'idéal de Jean-Jacques. Nous aurons deux belles vaches suisses truitées que je trairai moi-même. — Nous appellerons notre servante Ketly, et nous cultiverons la vertu au sein de la belle nature.

SAINT-ALBIN.

Ce sera charmant. Vous m'avez compris; la vie pastorale fut toujours mon rêve.

CÉLINDE.

Le dimanche, nous irons danser sous la coudrette avec les bons villageois. J'aurai un déshabillé blanc, des souliers plats et un simple ruban glacé dans mes cheveux.

SAINT-ALBIN.

Pourvu que vous n'alliez pas vous oublier au milieu de la contredanse et faire quelque pirouette ou quelque gargouillade!

CÉLINDE.

N'ayez pas peur. J'aurai bien vite désappris ces grâces factices, ces pas étudiés. J'étais née pour être bergère.

SAINT-ALBIN.

Labourer la terre, garder les troupeaux, c'est la vraie destination de l'homme... — Paris, ville de boue et de fumée, que ne puis-je te quitter pour jamais !

CÉLINDE.

Fuyons loin d'une société corrompue.

SAINT-ALBIN.

J'aurais cependant bien voulu me commander une veste tourterelle et quelques habits printaniers assortis à notre nouvelle existence. Ces tailleurs de village sont si maladroits ! Mais qu'importe au bonheur la coupe d'un vêtement? La vertu seule peut rendre l'homme heureux.

CÉLINDE.

La vertu... accompagnée d'un peu d'amour... Venez, cher Saint-Albin; ma voiture nous attend au bout de la ruelle.

SAINT-ALBIN.

Il faudra que j'écrive à la famille dont j'élève les enfants d'après la méthode de l'*Émile* qu'une nécessité impérieuse me force à renoncer à ces fonctions philosophiques.

CÉLINDE.

Vous aurez peut-être plus tard l'occasion d'exercer vos talents dans notre ermitage... Ah! Saint-Albin, je ne serai pas une mère dénaturée;... notre enfant ne sucera pas un lait mercenaire!

Ils sortent.

SCÈNE V

Un mois après. — Un ermitage près de Montmorency.

SAINT-ALBIN, CÉLINDE.

SAINT-ALBIN.

Comment vous habillerez-vous pour aller à cette fête champêtre ? Il y aura quelques femmes de la ville. Mettrez-vous vos diamants ?

CÉLINDE.

Les fleurs des champs formeront ma parure. Je ne veux pas de ces ornements fastueux, qui me rappelleraient ce que je dois oublier. J'ai renvoyé les écrins à ceux qui me les avaient donnés.

SAINT-ALBIN.

Sublime désintéressement ! — (A part.) C'est dommage, j'aime les folles bluettes que les belles pierres lancent aux feux des bougies. — (Haut.) Et vos dentelles ?

CÉLINDE.

Je les ai vendues, et j'en ai donné l'argent aux pauvres. Elles se seraient déchirées aux ronces des buissons, aux piquants des églantiers.

SAINT-ALBIN.

Des dentelles font bien au bas d'une robe.

CÉLINDE.

Irai-je traîner des falbalas dans la rosée des prairies? Un fourreau de toile anglaise rayée de rose, un chapeau de paille sur l'oreille, voilà ma toilette.

SAINT-ALBIN.

Il faudra vous farder un peu; je vous trouve pâle.

CÉLINDE.

L'onde cristalline des sources suffira pour raviver les couleurs de mes joues.

SAINT-ALBIN.

Je suis d'avis pourtant qu'une touche de rouge sous l'œil allume le regard, et qu'une assassine, posée au coin de la lèvre, donne du piquant à la physionomie... Prendrez-vous votre sachet de peau d'Espagne? Ces bons villageois ont quelquefois l'odeur forte.

CÉLINDE.

La violette des bois, attiédie sur mon cœur, sera notre seul parfum.

SAINT-ALBIN.

J'apprécie la violette ; mais le musc et l'eau de Portugal ont bien leur charme.

CÉLINDE

Un charme perfide, qui enivre et qui trouble... La nature repousse tous ces vains raffinements.

SAINT-ALBIN.

Vous ferez comme vous voudrez, vous serez toujours jolie.
Il prend son chapeau.

CÉLINDE.

Vous sortez encore?

SAINT-ALBIN.

Je n'ai pas mis les pieds dehors depuis un siècle.

CÉLINDE.

Vous êtes resté absent hier toute la journée.

SAINT-ALBIN.

Est-ce hier que je suis allé à Paris... pour ces affaires que vous savez?... Il me semblait qu'il y avait plus longtemps.

CÉLINDE.

Ce n'est pas galant, ce que vous dites là.

SAINT-ALBIN.

Vous avez vraiment un mauvais caractère. J'ai parlé sans intention... Adieu, je vais faire un tour de promenade et méditer au fond des bois sur la vraie manière de rendre les hommes heureux.

SCÈNE VI

FLORINE, CÉLINDE.

FLORINE.

Oh! la méchante bête que cette vilaine vache rousse! elle a enlevé mon bonnet d'un coup de corne, et d'un coup de pied renversé le seau de lait dans l'étable! Nous n'aurons pas de crème pour le fromage, et il faudrait faire deux lieues pour s'en procurer d'autre. Vive Paris, pour avoir ce qu'on veut!

CÉLINDE, rêveuse.

Il doit y avoir opéra aujourd'hui.

FLORINE.

Oui, et la Rosimène danse le pas de madame dans les *Indes galantes*.

CÉLINDE.

La Rosimène... danser mon pas ! — Une créature pareille... tout au plus bonne à figurer dans l'espalier.

FLORINE.

Elle a tant intrigué, qu'elle a passé premier sujet.

CÉLINDE.

Qui t'a dit cela ? C'est impossible.

FLORINE.

Vous savez, ce jeune peintre décorateur qui me trouvait gentille, je l'ai rencontré l'autre jour dans le bois ; il m'a proposé de faire une étude d'arbre d'après moi, et, pendant que je posais, il m'a raconté toutes les histoires des coulisses.

CÉLINDE.

Mais elle n'est pas seulement *en dehors* ; elle a volé deux balustres à quelque balcon pour s'en faire des jambes.

FLORINE.

M. de Vaudoré fait des folies pour elle ; il lui a donné un hôtel dans le faubourg, une argenterie magnifique de

Germain, et, l'autre jour, elle s'est montrée au Cours-la-Reine en voiture à quatre chevaux soupe-de-lait, avec un cocher énorme, et trois laquais gigantesques par derrière. Un train de princesse du sang !

CÉLINDE.

C'est une horreur ! un morceau de chair taillé à coups de serpe !

FLORINE.

Quand je pense que madame, qui est si bien faite, s'est ensevelie toute vive dans un affreux désert par amour pour un petit jeune homme, assez joli, il est vrai, mais sans la moindre consistance...

CÉLINDE, effrayée.

Florine, Florine, regarde !

FLORINE.

Qu'y a-t-il ?

CÉLINDE.

Un crapaud qui est entré par la porte ouverte, et qui s'avance en sautelant sur le parquet.

FLORINE.

L'affreuse bête ! avec ses gros yeux saillants, il ressemble à faire peur à M. de Vaudoré.

CÉLINDE.

Je vais m'évanouir; Florine, ne m'abandonne pas dans ce péril extrême.

FLORINE.

Où sont les pincettes, que je l'attrape par une patte, et que je le jette délicatement par-dessus le mur?

CÉLINDE.

Prends garde qu'il ne te lance son venin à la figure.

FLORINE.

Ne craignez rien, je suis brave. Nous voilà débarrassées de ce visiteur importun.

CÉLINDE.

Je respire. Dans les descriptions d'ermitages et de chaumières, les auteurs ne parlent pas de crapauds qui veulent se glisser dans votre intimité.

FLORINE.

Je l'ai toujours dit à madame, que les auteurs étaient des imbéciles. La campagne est faite pour les paysans, et non pour les personnes bien élevées.

CÉLINDE.

Grand Dieu! une guêpe qui se cogne en bourdonnant contre les vitres! Si elle allait me piquer!

FLORINE.

Avec deux ou trois coups de mouchoir, je vais tâcher de la faire tomber à terre ; nous l'écraserons ensuite.

Elle tue la guêpe.

CÉLINDE.

Quel aiguillon et quelles pinces ! C'est affreux d'être ainsi poursuivie par les animaux malfaisants ; hier, j'ai trouvé une araignée énorme dans mes draps.

FLORINE.

Il faut bien que les champs soient peuplés par les bêtes, puisque les hommes comme il faut sont à la ville.

CÉLINDE.

Il me semble que la peau me cuit ; j'ai peur d'avoir attrapé un coup de soleil, j'ai arrosé les fleurs dans le jardin sans fichu.

FLORINE.

La peau de madame est toujours d'une blancheur éblouissante.

CÉLINDE.

Tu trouves ?

FLORINE.

Ce n'est pas comme cette Rosimène, avec son teint

bis et sa nuque jaune! Je voudrais avoir l'argent qu'elle dépense en blanc de perles et en céruse.

CÉLINDE.

J'entends les sabots de Suzon qui accourt en toute hâte. Il faut qu'il y ait quelque chose d'extraordinaire.

Entre Suzon.

SUZON.

Madame, faites excuse d'entrer comme ça tout droit, sans dire gare, dans votre belle chambre comme dans une étable à pourceaux. Il y a là un beau mosieu qui voudrait parler à vous.

FLORINE.

Fais entrer le beau monsieur.

CÉLINDE.

Non! non!...

FLORINE.

Cela nous amusera. — Je serais si contente d'apercevoir un visage humain!

SCÈNE VII

CÉLINDE, FLORINE, LE DUC.

CÉLINDE.

Ciel! le duc!

FLORINE.

Monseigneur! quoi? — C'est vous?

LE DUC.

Moi-même... charmante sauvage, je vous trouve enfin! voilà trois semaines que mes grisons battent la campagne pour vous déterrer.

FLORINE.

Le fait est que nous étions au bout du monde.

LE DUC.

Vous me haïssez donc bien, mauvaise, que vous vous êtes expatriée pour ne plus me voir! A propos, voilà l'écrin que vous m'avez renvoyé, comme si j'étais un traitant. — Un homme de qualité ne reprend jamais ce qu'il a donné.

CÉLINDE.

Monsieur !

FLORINE.

Il n'y a que les gens de race pour avoir de ces procédés-là.

LE DUC.

Vous aviez un caprice pour ce petit freluquet ; ce n'était pas la peine de vous enfuir pour cela. — Un homme d'esprit comprend tout. Je me serais arrangé de façon à ne pas rencontrer Saint-Albin, ou plutôt il fallait me le présenter. Je l'aurais poussé s'il avait eu quelque mérite. Une jolie femme peut avoir un philosophe comme elle a un carlin, cela ne tire pas à conséquence.

CÉLINDE.

Saint-Albin a su m'inspirer l'amour de la vertu.

LE DUC.

Lui ! — Je n'en voudrais pas dire de mal, car j'aurais l'air d'un rival éconduit ; mais ce cher monsieur n'est pas ce qu'il paraît être, comme on dit dans les romans du jour, ou je me trompe fort.

FLORINE.

Je suis de l'avis de M. le duc, M. Saint-Albin a des allures qui ne sont pas claires pour un homme patriarcal et bocager.

CÉLINDE.

Florine...

LE DUC.

Ma chère Célinde, je vous aime plus que vous ne sauriez le croire d'après mon ton léger et mes manières frivoles. Je ne vous ai jamais dit de phrases alambiquées; — pourtant j'ai fait pour vous des sacrifices devant lesquels reculeraient bien des amants ampoulés et romanesques. Sans parler de deux ou trois coups d'épée que j'ai donnés et que j'aurais pu recevoir, — pour que vous pussiez écraser toutes vos rivales, pour que votre vanité féminine ne souffrît jamais, j'ai engagé le château de mes pères, le manoir féodal peuplé de leurs portraits, dont les yeux fixes semblent m'accabler de reproches silencieux. Les juifs ont entre leurs sales griffes les nobles parchemins, les chartes constellées de sceaux armoriés et d'empreintes royales; mais Célinde a pu faire ferrer d'argent ses fringants coursiers, mais sa beauté, fleur divine, a pu s'épanouir splendidement au milieu des merveilles du luxe et des arts, ce joyau sans prix a vu son éclat doublé par la richesse de la monture. Et moi, l'air dédaigneux et le cœur ravi, tout en ne parlant que de chiens et de chevaux anglais, j'ai joui de ce bonheur si doux pour un galant homme d'avoir réparé une injustice du sort en faisant une reine... d'opéra de celle qui eût dû naître sur un trône.

FLORINE.

Comme monsieur le duc s'exprime avec facilité, bien qu'il n'emprunte rien au jargon des livres à la mode ! —

Je n'aime pas les amoureux qui donneraient leur vie pour leur maîtresse, et qui lui refusent cinquante louis ou la quittent pour quelque plat mariage.

CÉLINDE.

Cher duc, ah ! si j'avais pu savoir... Hélas ! il est trop tard... Saint-Albin m'adore... je dois finir mes jours dans cette retraite... loin du bruit, loin du monde, loin des succès.

LE DUC.

Renoncer ainsi à l'art, à la gloire, à l'espoir de se faire un nom immortel pour un grimaud qui vous trompe, j'en suis sûr... Laisser cette grosse Rosimène faire craquer sous son poids les planches que vous effleuriez si légèrement du bout de votre petit pied, c'est impardonnable ! Le public a si mauvais goût, qu'il serait capable de l'applaudir.

CÉLINDE.

Le parterre prend souvent l'indécence pour la volupté et la minauderie pour la grâce.

LE DUC.

Vous n'auriez qu'à reparaître pour la faire rentrer parmi les figurantes à vingt-cinq sous la pièce, dont elle n'aurait jamais dû sortir.

CÉLINDE.

Pourquoi parler de cela, puisque mon sort est à jamais fixé ?

LE DUC.

Ce sont là des mots bien solennels !

SUZON, une lettre à la main.

Madame, voilà une lettre qu'un petit garçon m'a donnée pour vous.

CÉLINDE.

C'est l'écriture de Saint-Albin... Qu'est-ce que cela signifie ? Il vient de sortir à l'instant : que peut-il avoir à me dire ? Je tremble... rompons le cachet. — Duc, vous permettez ?

LE DUC.

Comment donc !

CÉLINDE lit.

« MA CHÈRE CÉLINDE,

« Ce que j'avais à vous dire était tellement embar« rassant, que j'ai pris le parti de vous en informer par
« une lettre. Vous allez m'appeler perfide, je ne fus
« qu'imprudent ; la destinée qui s'acharne sur moi ne
« veut pas que je sois heureux selon le vœu de mon
« cœur. — Homme simple et vertueux, j'étais fait pour
« le bonheur des champs, et voici qu'un événement,
« que j'aurais dû prévoir, me rappelle à la ville. —Vous
« savez, Célinde, que, partageant les idées de Jean« Jacques, je formais à la vertu une jeune âme dans le
« sein d'une famille riche. Mon élève avait une sœur qui
« venait souvent écouter mes leçons ; comme Saint-

« Preux, mon modèle, mon héros, j'avais besoin d'une
« Julie pour admirer la lune sur le lac et me promener
« dans les bosquets de Clarens... Que vous dirai-je ?
« j'imitai si fidèlement mon type d'adoption, que bien-
« tôt ma Julie ne put cacher que, méprisant de vils
« préjugés, elle avait cédé aux doux entraînements de la
« nature, et se trouvait dans la position de donner un
« citoyen de plus à la patrie. Les parents, s'étant aper-
« çus de l'état de leur fille, me sommèrent de réparer
« l'outrage fait à son honneur, en sorte que je me suis
« vu forcé de promettre d'épouser une héritière qui n'a
« pas moins de cent mille écus de dot... Cela n'est-il pas
« tout à fait contrariant pour moi, qui fais profession de
« mépriser les richesses et qui ne demande qu'un lait
« pur sous un toit de chaume ? O Célinde ! ne m'en voulez
« pas. Le destin impérieux m'entraîne, tâchez de m'ou-
« blier : vous êtes heureuse, vous, rien ne vous empêche
« de couler dans la retraite, au sein des plaisirs simples,
« des jours exempts d'orages.

« Adieu pour jamais,

« Le malheureux SAINT-ALBIN. »

CÉLINDE.

Le scélérat ! comme il m'a trompée ! Oh ! j'étouffe de douleur et de rage !

LE DUC.

Qu'est-ce donc ?

CÉLINDE.

Lisez.

LE DUC.

Cela n'a rien qui m'étonne. Les gens romanesques font toujours des folies avec les riches héritières.

FLORINE.

C'était un gueux, un libertin, un hypocrite; je ne l'ai jamais dit à madame, mais il m'embrassait toujours dans le corridor sombre, et si j'avais voulu... Heureusement j'ai des principes.

CÉLINDE.

Et j'ai pu le préférer à vous!

LE DUC.

Tant pis pour lui s'il ne ressemblait pas à votre rêve.

FLORINE.

Maintenant nous n'avons plus de raison de rester dans les terres labourées; si nous retournions un peu voir en quel état est le pavé de Paris?...

CÉLINDE.

Adieu, marguerites à la couronne d'argent, aromes du foin vert, fumées lointaines montant du sein des feuillages, ramiers qui roucoulez sur la pente des toits couverts de fleurs sauvages; mon cœur a connu des plaisirs trop irritants pour pouvoir goûter votre charme doux et monotone.

LE DUC.

Votre églogue est donc terminée?

CÉLINDE.

Oui. — Donnez-moi la main et conduisez-moi.

LE DUC.

J'ai précisément ma voiture au coin de la route.

FLORINE.

Vivat! Pour une soubrette, il vaut mieux porter des billets doux que traire des vaches.

Ils sortent.

SCÈNE VIII

Le foyer de la danse à l'Opéra.

LA ROSIMÈNE, LE COMMANDEUR, LE CHEVALIER, M. DE VAUDORÉ.

LA ROSIMÈNE.

Cet imbécile de Champagne qui n'a pas mis d'eau dans mon arrosoir!... J'ai manqué choir en faisant des battements. Ma place était claire et luisante comme un parquet ciré!

M. DE VAUDORÉ.

Je ferai bâtonner ce drôle en rentrant.

LE CHEVALIER.

Mademoiselle Rosimène est mise avec un goût exquis.

LA ROSIMÈNE.

Ma jupe coûte mille écus. M. de Vaudoré fait bien les choses.

LE COMMANDEUR.

Nous irons souper chez vous après le ballet. J'ai envoyé ce matin une bourriche de gibier et la recette pour les cailles à la Sivry.

LA ROSIMÈNE.

Ah! j'adore le gibier.

LE CHEVALIER, à part.

Elle adore tout!

LA ROSIMÈNE.

Je ne suis pas une bégueule comme Célinde, moi; je mange et je bois, c'est plus gai.

LE COMMANDEUR.

A propos... que devient Célinde?

M. DE VAUDORÉ.

Elle se livre aux plaisirs champêtres, et se nourrit de crème dans une laiterie suisse.

LE COMMANDEUR.

Mauvaise nourriture qui débilite l'estomac ! c'est assez de teter quand on est petit enfant.

LA ROSIMÈNE.

Je préfère les fortifiants, les mets relevés. Après ça, Célinde a toujours eu des idées romanesques. Elle avait le défaut de lire. Je vous demande un peu à quoi ça sert !

LE CHEVALIER.

Rosimène, vous êtes ce soir d'une verve, d'un mordant ; c'est incroyable comme vous vous formez !

LA ROSIMÈNE.

Je dois cela à mon gros vieux Crésus. — Il me paye des maîtres de toutes sortes. Je ne les reçois pas, mais je leur donne leur cachet, et c'est comme si j'avais pris ma leçon.

M. DE VAUDORÉ.

Elle deviendra une Ninon, une Marion Delorme, une Aspasie ! — Je ferai les fonds nécessaires.

L'AVERTISSEUR.

Madame, on va commencer.

LA ROSIMÈNE.

C'est bon; c'est bon... Le public peut bien attendre. Il faut que je me mette en train. Je n'ai pas travaillé aujourd'hui.

SCÈNE IX

LES MÊMES, CÉLINDE, LE DUC.

CÉLINDE.

Ma chère petite, ne vous échauffez pas si fort. Votre corsage est déjà tout mouillé de sueur.

TOUS.

Célinde!

CÉLINDE.

Vous ne dansez pas ce soir; je reprends mon service.

LA ROSIMÈNE.

C'est une indignité, c'est une horreur ! J'ai des droits que je ferai valoir ; et mon costume, qui me coûte les yeux de la tête !

CÉLINDE.

Cela regarde M. de Vaudoré.

LE CHEVALIER, s'avançant vers Célinde.

Est-ce à votre ombre que je parle, Célinde ? En tous cas, on n'aurait jamais vu plus gracieux revenant.

CÉLINDE.

C'est bien moi, chevalier. Commandeur, je vous invite pour ce soir. Nous ferons des folies jusqu'au matin ; je tâcherai que vous ne vous endormiez pas.

LE COMMANDEUR, quittant la Rosimène.

Je serai plus éveillé qu'un émerillon.

CÉLINDE.

Marquis, j'ai à me faire pardonner bien des torts. J'ai calomnié l'autre fois votre esprit et vos mollets. — Venez, je serai charmante comme une coupable.

LE MARQUIS. Il passe du côté de Célinde.

Un sourire de votre bouche fait oublier bien des paroles piquantes.

CÉLINDE, à part.

Lui prendrai-je son Vaudoré? Non, il est trop laid et trop bête. Laissons-le-lui; la clémence sied aux grandes âmes.

L'AVERTISSEUR.

Madame, c'est à vous.

CÉLINDE.

Adieu, messieurs, à bientôt... Duc, venez me prendre après mon pas, — vous me conduirez chez moi.

LE CHEVALIER.

Je vous avais bien dit que ces bergeries-là ne dureraient point... Bon sang ne peut mentir.

FIN DE LA FAUSSE CONVERSION.

PIERROT POSTHUME

ARLEQUINADE EN UN ACTE ET EN VERS

(AVEC M. SIRAUDIN.)

PIERROT POSTHUME

ARLEQUINADE EN UN ACTE ET EN VERS.

Personnages

ARLEQUIN.
PIERROT.
LE DOCTEUR.
COLOMBINE.

Le théâtre représente une rue. — Au fond, en face du public, la maison d'Arlequin. — A droite, celle du docteur; à gauche celle de Colombine.

SCÈNE PREMIÈRE

ARLEQUIN, COLOMBINE.

ARLEQUIN.

Colombine, un mot!

COLOMBINE.

Non!

ARLEQUIN.

Demeurez.

COLOMBINE.

Point.

ARLEQUIN.

De grâce !
J'ai là certain cadeau qu'il faut que je vous fasse.

COLOMBINE.

Un cadeau ? Je m'arrête. Est-ce une chaîne d'or ?
Une bague ? une montre ? Y suis-je ?

ARLEQUIN.

Pas encor.

COLOMBINE.

Une pièce bien lourde en bonne argenterie ?
Un nœud de diamants ?

ARLEQUIN.

Fi ! ma galanterie
Ne s'en va pas donner dans ces luxes grossiers,
Bons pour les parvenus et pour les financiers ;
Je me garderais bien d'humilier les femmes
Par l'insultant excès de ces présents infâmes ;
Car dans tous les pays, chez les plus gens de goût,
On dit qu'en ces régals c'est le choix qui fait tout.

COLOMBINE.

Vous me faites languir, dépêchez, voyons, qu'est-ce ?

ARLEQUIN.

Regardez, s'il vous plaît, cette petite caisse.

COLOMBINE.

Cette caisse?

ARLEQUIN.

Oui.

COLOMBINE.

Grands dieux! que vois-je? une souris.
Certes, le don est rare et d'un merveilleux prix!

ARLEQUIN.

Très-rare; une souris plus blanche qu'une hermine,
Gaie, alerte, l'œil vif comme une Colombine :
La femme est une chatte et sa griffe nous tient;
Une souris est donc un présent qui convient.

COLOMBINE.

Un écrin me plaît mieux que trente souricières;
Je vous en avertis, ce sont là des manières
A ne réussir point près des cœurs délicats,
Et vous vous brouillerez avec messieurs les chats.

ARLEQUIN.

Cette pauvre souris, tournant dans cette boîte,
Représente mon âme allant à gauche, à droite,
S'agitant sans repos dans la captivité
Où depuis si longtemps la tient votre beauté;
C'est mon cœur, prenez-le, Colombine fantasque,

Car je pâlis d'amour sous le noir de mon masque;
Je maigris, desséché par le feu des désirs,
Et les moulins à vent tournent à mes soupirs.

COLOMBINE.

Arlequin, quoi! c'est vous qui tenez ce langage?
A ma pudicité cessez de faire outrage!
Renfoncez vos soupirs, n'ajoutez pas un mot,
Et respectez en moi la femme de Pierrot!

ARLEQUIN.

Mais, Pierrot, délaissant les rives de la Seine,
Dont l'habitation lui devenait malsaine,
A fait rencontre, en mer, de pirates d'Alger,
Et vu d'un nœud coulant son destin s'abréger.
Ne pouvant pas payer de rançon aux corsaires,
Il trouva la potence en fuyant les galères.

COLOMBINE.

En ce bas monde, hélas! nul n'évite son sort!

ARLEQUIN.

Donc je puis vous aimer; car la femme d'un mort
En tout pays du monde a qualité de veuve.

COLOMBINE.

Du trépas de Pierrot nous n'avons pas la preuve;
S'il allait reparaître, ainsi qu'un chien perdu!
S'il n'avait pas été suffisamment pendu!

ARLEQUIN.

Bah! rien n'est plus certain; son extrait mortuaire,
Sur le premier feuillet de tout dictionnaire,

Se voit lisiblement écrit et parafé,
Au-dessous d'un pierrot au gibet agrafé.

COLOMBINE.

Ce sont titres fort bons qu'on ne saurait produire
Quand devant le notaire il me faudra conduire ;
Car je pense, Arlequin, pour l'honneur de vos vœux,
Qu'ils tendent à serrer le plus sacré des nœuds.
Par un certificat, en forme légitime,
Démontrez-moi qu'on peut les accueillir sans crime,
Je vous accorderai très-volontiers ma main.
Mais, jusque-là, néant !... je passe mon chemin.

SCÈNE II

ARLEQUIN, seul.

Quoi ! vous fuyez, méchante, avec cet air si tendre !
Et la souris, hélas ! vous partez sans la prendre !
Ah les femmes !... pourquoi faut-il que nous soyons
Toujours acoquinés après leurs cotillons !
Tout irait mieux, si Dieu ne t'avait fait d'un geste
Sortir du flanc d'Adam, côtelette funeste !

Il met la souricière à terre, près de la maison de Colombine.

Cette preuve, où l'avoir ?... Je ne puis, comme un sot,
Aller chez ces païens m'enquérir de Pierrot...
Des registres civils aux États barbaresques !

L'imagination, certe, est des plus grotesques !
Je souffre, et je voudrais voir mon destin fini,
D'un excès de polente ou de macaroni.
Mais qui vient ? le docteur...

SCÈNE III

ARLEQUIN, LE DOCTEUR.

ARLEQUIN.
     Docteur, je suis malade !...
LE DOCTEUR.
Qu'avez-vous ?... Trouvez-vous le vin amer ou fade ?
ARLEQUIN.
Je le trouve excellent !
LE DOCTEUR.
    Et le rôti ?
ARLEQUIN.
      Fort bon !
LE DOCTEUR.
Que vous dirait le cœur en face d'un jambon ?
ARLEQUIN.
Il me dirait, je crois, d'en couper une tranche.
LE DOCTEUR.
Montrez-moi votre langue... Elle est rouge et non blanche.

Tout ce diagnostic démontre que le mal,
A ne pas en douter, est purement moral.

ARLEQUIN.

Votre sagacité pénètre au fond des choses
Et va donner du nez droit dans le pot aux roses;
Oui, mon mal est moral, immoral bien plutôt;
Car je suis amoureux de madame Pierrot!

LE DOCTEUR.

De cette affection je connais le remède,
Tarissez ce flacon, qu'à prix d'or je vous cède,
Pour elle votre amour se trouvera guéri
Comme si vous fussiez devenu son mari.

ARLEQUIN.

Je n'en crois pas un mot; cette liqueur vermeille
Qui rit dans le cristal à travers la bouteille,
Qu'est-ce?

LE DOCTEUR.

  C'est l'élixir de longue vie.

ARLEQUIN.

        Eh bien!
Puisque je veux mourir, cela ne me vaut rien.

LE DOCTEUR.

Bon! tuez-vous d'abord, et dites qu'on infiltre,
Vous, mort, entre vos dents, trois gouttes de mon philtre;
Plus dispos que jamais vous ressusciterez;
En revenant au jour quel effet vous ferez!
Par ce trépas galant Colombine attendrie

Vous tend sa blanche main, avec vous se marie,
Et vous avez bientôt, heureux et triomphants,
Comme aux contes de fée, une masse d'enfants !

ARLEQUIN.

Grand merci ! Si la drogue allait être éventée ?...
Mais, docteur, dites-moi, par qui fut inventée
Cette rare liqueur, dont les philtres si forts
Conservent les vivants, rendent la vie aux morts.

LE DOCTEUR.

Chez nous, de père en fils, on en sait la recette ;
Et depuis cinq cents ans nous la tenons secrète.

ARLEQUIN.

Vos grands parents alors ont dû vivre bien vieux ?
Sans doute vous avez encor tous vos aïeux ?

LE DOCTEUR.

Nous ne pourrions jamais hériter de la sorte !
Et, comme de la vie il faut que chacun sorte,
Pour n'être pas contraints de nous assommer tous,
C'est chose convenue et réglée entre nous :
Aux vieillards, à cent ans, l'élixir se retranche,
Et, comme des fruits mûrs, ils tombent de la branche.

ARLEQUIN.

C'est très-joli...

LE DOCTEUR.

Prenez mon flacon...

ARLEQUIN.

Non vraiment !

Je préfère mourir en véritable amant,
Et je cours me tuer, au seuil de Colombine,
D'un coup de coutelas ou bien de carabine.

LE DOCTEUR.

Et moi, je vais ailleurs chercher quelque nigaud
Qui veuille pour ma fiole échanger son magot.

Le docteur rentre chez lui. Arlequin sort par la gauche. A ce moment, Pierrot paraît au fond du théâtre.

SCÈNE IV

PIERROT.

Mouillez-vous, ô mes yeux ! et toi, lèvre attendrie,
Baise, sur le pavé, le sol de la patrie !
Aspirez, mes poumons, l'air du natal ruisseau !
Bonjour, Paris !... Salut, rue où fut mon berceau !...
Le cabaret encor rit et jase à son angle ;
A ce cher souvenir l'émotion m'étrangle ;
Mon nez qui se dilate aspire avec douceur
Les parfums que répand l'étal du rôtisseur;
Rien n'est changé... Voici la maison de ma femme,
Pauvre femme !... J'ai dû faire un vide en son âme !
Il le fallait ; j'ai fui... Je ne sais pas pourquoi
La justice s'était prise d'un goût pour moi ;
Elle s'inquiétait de mes chants à la lune,

De mes moyens de vivre et de chercher fortune;
Pour lui faire sentir son indiscrétion,
Je rompis, un beau jour, la conversation ;
Et j'allai, n'aimant pas qu'en route on m'accompagne,
Errer incognito sur les côtes d'Espagne,
Où je fis connaissance avec d'honnêtes gens,
Très-peu questionneurs et très-intelligents.
Nous menions, sur la mer, une charmante vie,
Quand notre barque fut aperçue et suivie
Par un corsaire turc plus fin voilier que nous.
Mes braves compagnons se firent hacher tous!
Comme il faisait très-chaud, moi, de crainte du hâle,
J'étais allé chercher de l'ombre à fond de cale ;
Mais bientôt, de mon coin brutalement extrait,
Je sentis à mon col un nœud qui le serrait.
Ma pose horizontale en perpendiculaire
Se changea. J'aperçus, dans l'onde bleue et claire,
Un reflet s'agiter et s'allonger en i,
Je fis un entrechat, et couac... tout fut fini !
Quel moment !... Mais le ciel, dans sa miséricorde,
Voulut que l'on coupât un peu trop tôt la corde :
Je tombai dans la mer, et, des vagues poussé,
Par des pêcheurs je fus, près du bord, ramassé.
C'est jouer de bonheur ! Pourtant cette aventure
Me donne, dans le monde, une étrange posture ;
Et c'est une apostrophe à rester confondu,
Si quelqu'un me disait : Voyez, Pierrot pendu !

SCÈNE V

PIERROT, ARLEQUIN.

ARLEQUIN, qui est entré sur le dernier vers de Pierrot.

Hein!... que dites-vous?...

PIERROT.

Quoi?...

ARLEQUIN.

Vous parliez, ce me semble,
De Pierrot?

PIERROT.

J'en parlais...

ARLEQUIN, à part.

D'émotion je tremble!...

Haut.

Vous le connaissez donc?...

PIERROT, à part.

C'est d'un bête inouï;
Il me demande à moi si je me connais?

Haut.

Oui!...

Intimement, monsieur.

ARLEQUIN.

Bien; vous savez sans doute

Qu'il voyagea beaucoup et se fit pendre en route?

PIERROT.

Il fut pendu, c'est vrai!...

ARLEQUIN.

Cela me charme fort!

PIERROT.

Monsieur...

ARLEQUIN.

S'il fut pendu, j'en conclus qu'il est mort.

PIERROT.

Vous croyez?...

ARLEQUIN.

Quel bonheur!... Il faut que j'exécute,
Pour son *De profundis,* ma plus belle culbute!

PIERROT, à part.

Ce qu'il dit m'a troublé.

Haut.

Monsieur, modérez-vous!

ARLEQUIN.

Laissez-moi me livrer aux transports les plus fous!...
Pierrot est mort!... vivat!...

PIERROT, à part.

Quel air de certitude!
En mon esprit je sens naître une inquiétude;
J'ai le droit d'être mort, si je n'en use pas;
Plusieurs sont enterrés pour de moindres trépas.

ARLEQUIN.

Du décès de Pierrot vous rendrez témoignage.

PIERROT.

Mais...

ARLEQUIN.

Répondez...

PIERROT.

Pardon, cette démarche engage ;
J'ai besoin d'y songer, et je ne voudrais point
Sur ce grave sujet faire erreur d'un seul point.

ARLEQUIN.

Si vous l'avez vu pendre, il ne faut d'autre preuve.
Ah ! prenez en pitié les ennuis de sa veuve !

PIERROT.

Vous me fendez le cœur ! J'espère qu'il est mort...
Et, s'il ne l'était pas, certe il aurait bien tort ;
Mais je veux consulter un homme de science
Pour savoir...

ARLEQUIN.

Le docteur est plein d'expérience ;
Il demeure ici près... là...

Il désigne la maison de droite.

PIERROT.

J'y vais de ce pas.

ARLEQUIN.

Puis-je compter sur vous ?

PIERROT.

Oh! oui... n'y comptez pas!

Il entre chez le docteur.

SCÈNE VI

ARLEQUIN.

Ciel! que je suis heureux! Courons vers Colombine...
Ne courons pas. Pensons. Avoir joyeuse mine,
Moi, son futur époux, au lieu d'un air marri,
En lui venant conter la mort de son mari,
Ce serait lui donner un exemple funeste;
Un trépas conjugal est chose grave. Peste!
Elle pourrait en prendre à mon intention
Trop de facilité de consolation.
Donc, revêtant l'aspect congruant à la chose,
Pleurons Pierrot défunt par l'œil et par la pose.

Il sort par le fond.

SCÈNE VII

PIERROT, *sortant de la maison du docteur.*

Je suis mort!... Arlequin disait la vérité.
La pendaison n'est pas bonne pour la santé;

Je m'explique à présent pourquoi j'ai le teint blême.
Pauvre Pierrot, allons, conduis ton deuil toi-même.
Mets un crêpe à ton bras, arrose-toi de pleurs,
Prononce le discours et jette-toi des fleurs :
Orne ton monument d'un *ci-gît* autographe,
Et, poëte posthume, écris ton épitaphe.
Qu'y mettrai-je ?... voyons... « Ici dort étendu... »
Non... ce mot fait venir la rime de pendu...
Couché vaut mieux... « Pierrot... il ne fit rien qui vaille,
Et vécut sans remords en parfaite canaille ! »
C'est plus original que bon fils, bon époux,
Bon père, *et cætera*, comme les morts sont tous.
Fais ta nécrologie et l'envoie aux gazettes,
Ces choses sont toujours par soi-même mieux faites.
Quel ami je m'enlève, et quel bon compagnon
Content de mon bonheur, triste de mon guignon !
Comme je me regrette, et comme je me manque !
La douleur me pâlit, la tristesse m'efflanque,
En songeant qu'allongé dans le fond du trou noir,
Je ne jouirai plus du bonheur de me voir.
Quel coup ! moi qui m'étais si dévoué, si tendre,
Si plein d'attentions, si prompt à me comprendre !
Aussi, reconnaissant de mes bontés pour moi,
Je me ferai le chien de mon propre convoi ;
Et j'irai, me couchant sur ma tombe déserte,
Mourir une autre fois du chagrin de ma perte.

SCÈNE VIII

PIERROT, LE DOCTEUR.

LE DOCTEUR.

Vous êtes encor là?

PIERROT.

Mais à ce qu'il paraît.

LE DOCTEUR.

Vous sembliez tantôt prendre un vif intérêt
A l'ami pour lequel vous consultiez...

PIERROT.

Sans doute :
Avec ses dents j'ai fait sauter plus d'une croûte,
Et le vin que je bois passe à travers son cou ;
Comme vous l'avez dit, il me touche beaucoup.

LE DOCTEUR.

C'était vous, cet ami !

PIERROT.

Je n'en eus jamais d'autre.

LE DOCTEUR.

Pauvre monsieur Pierrot, quel malheur est le vôtre !
Je vous plains ; être mort de la sorte, c'est dur.

PIERROT.

De mon trépas, docteur, vous êtes donc bien sûr?

LE DOCTEUR, à part.

Est-il bête! (Haut.) J'en ai la triste certitude.
J'ai de semblables cas fait une longue étude,
Et les pendus jamais n'ont bien longtemps vécu.
Mais, pour que vous soyez pleinement convaincu,
Je vais vous disséquer...

PIERROT.

Non, non!

LE DOCTEUR.

Afin qu'on voie
La pléthore du cœur, l'engorgement du foie,
La dislocation des muscles cervicaux,
Et la congestion des lobes cérébraux.

PIERROT.

Je veux bien être mort; mais pas d'anatomie!

LE DOCTEUR.

Comment expliquez-vous cette face blêmie?
Ce nez cadavérique et cet œil sépulcral?
Vous êtes un vrai spectre!

PIERROT.

Ah! je me sens plus mal.

LE DOCTEUR.

La strangulation pousse à l'apoplexie,
Et de l'apoplexie à la catalepsie
Il n'est qu'un pas.

PIERROT.

Cessez ce discours inhumain.

LE DOCTEUR.

De la catalepsie à la mort, le chemin
Est plus court. Ce chemin, vous l'avez fait, jeune homme.

PIERROT.

Grands dieux! soutenez-moi, je tombe.

LE DOCTEUR.

Autre symptôme!
Les morts sentent mauvais... Vous ne sentez pas bon.

PIERROT. Il sent son bras.

C'est vrai, je m'empoisonne.

LE DOCTEUR, à part.

On n'est pas plus oison!

PIERROT.

A cet affreux état savez-vous un remède?

LE DOCTEUR.

Peut-être; la nature opère, quand on l'aide,
Des miracles...

PIERROT.

Eh bien, qu'elle en fasse un pour moi!

LE DOCTEUR.

Les miracles sont chers et veulent de la foi.

PIERROT.

J'ai la foi.

LE DOCTEUR.

Mais l'argent?

PIERROT.

A travers mes désastres,
Dans ma ceinture en cuir j'ai sauvé quelques piastres.

LE DOCTEUR.

Montrez.

PIERROT.

Voilà.

LE DOCTEUR.

C'est peu... Donner mon élixir,
Que ne pourraient payer les trésors d'un vizir,
Mon élixir divin, pour une ou deux poignées
De monnaie exotique et de piastres rognées,
C'est un marché de dupe...

PIERROT.

Hélas! J'ai bien encor,
Dans mon bouton cousue, une pistole d'or.

LE DOCTEUR.

Bon! gracieusement déployez la pistole
D'une main, et de l'autre empoignez cette fiole.
C'est la vie en bouteille, et, quand vous la boirez,
Fussiez-vous plein de vers, vous ressusciterez.

Il sort.

SCÈNE IX

PIERROT. Il débouché la bouteille et flaire.

Pouah! l'immortalité n'a pas l'odeur suave ;
J'aimerais mieux du vin d'Alicante ou de Grave.
Mais que vois-je? ma femme en petit casaquin,
Qui sautille pendue au bras de l'Arlequin !
Cachons-nous...

SCÈNE X

PIERROT, à l'écart, ARLEQUIN, COLOMBINE.

ARLEQUIN.
    Mon infante, enfin vous êtes veuve !
COLOMBINE.
Un deuil ! moi qui voulais mettre ma robe neuve
En satin bleu-de-ciel à paillettes d'argent!
Que je suis malheureuse!
    (Elle pleure.) Hi ! hi !
      PIERROT, à part.
              C'est affligeant.

ARLEQUIN.

Mais cependant ce deuil vous fait libre, madame.

COLOMBINE.

C'est vrai. D'ailleurs le noir sied aux blondes...

PIERROT, à part.

Quelle âme!
Quel cœur!

COLOMBINE.

Et vous avez la preuve de sa mort?

ARLEQUIN.

Je l'ai.

COLOMBINE.

Pauvre Pierrot, hi! hi! Je l'aimais fort!

PIERROT, à part.

Tais-toi; tu m'attendris.

COLOMBINE.

Il avait la peau blanche,
La taille fine...

PIERROT, à part.

Bien.

COLOMBINE.

L'humeur joyeuse et franche,
L'œil petillant.

PIERROT, à part.

Très-bien... Qui jamais aurait cru,
Moi mort, que mes beautés eussent ainsi paru?

ARLEQUIN.

La douleur vous égare : il était maigre, blême,
Gai comme un fossoyeur qui s'enterre lui-même ;
Et, quant à cet œil vif qui vous semble si beau,
Dans sa face de plâtre on eût dit un pruneau !

PIERROT, à part.

Drôle !

COLOMBINE.

Au fait, il avait le regard noir et louche,
Et certain tic nerveux dans le coin de la bouche...

PIERROT, à part.

Tu quoque, Brute !

ARLEQUIN.

L'âme était digne du corps !
Il ne valait pas mieux au dedans qu'au dehors :
C'était un paresseux.

COLOMBINE.

Un gourmand.

ARLEQUIN.

Un ivrogne.

COLOMBINE.

Un poltron.

ARLEQUIN.

Un voleur.

COLOMBINE.

Un hâbleur sans vergogne.

ARLEQUIN

Un fort piètre sujet.

COLOMBINE.

Pitoyable.

PIERROT, à part.

Parbleu !
J'ai bien fait de mourir, puisque je vaux si peu !

ARLEQUIN.

Mais laissons de côté cette triste mémoire.
Dites moi, m'aimez-vous, malgré ma face noire ?

COLOMBINE.

Cela me changera, mon défunt était blanc ;
Foin d'un nouvel époux à l'ancien ressemblant !

PIERROT, à part.

Coquine !

ARLEQUIN.

Je puis donc sans qu'elle me repousse
A mes lèvres porter ta main fluette et douce ?

COLOMBINE.

Portez.

PIERROT, à part.

Haï !

ARLEQUIN.

Sans frayeur tu verras mon museau
Mettre un baiser d'ébène aux rose de ta peau ?...

COLOMBINE.

Je suis brave, essayez...

Pendant le couplet qui suit, Arlequin caresse Colombine.

PIERROT, à part.

Ah ! la chienne ! ah ! l'infâme !
Mais que dis-je? Moi mort, elle n'est plus ma femme ;
Elle est veuve. J'allais faire un coup maladroit :
D'embrasser Arlequin, certe, elle a bien le droit;
Comme ils s'aiment ! J'ai là dans ce flacon la vie.
Si je le débouchais ! non, chassons cette envie ;
Un mari n'est trompé que lorsqu'il est vivant.
La scène chauffe fort, je cours risque, en buvant,
De me ressusciter précisément pour être...
Restons mort, c'est plus sûr... sauf plus tard à renaître.

COLOMBINE.

Calmez-vous, Arlequin.

ARLEQUIN.

Non, encore un baiser!

COLOMBINE.

Point.

ARLEQUIN.

Si fait, rien qu'un seul !

COLOMBINE.

Voulez-vous me laisser?

ARLEQUIN.

Non.

PIERROT, à part.

Arlequin va bien, je suis content en somme,
Et j'ai pour successeur au moins un galant homme.

COLOMBINE.

Courez chez le notaire afin de le prier
De dresser le contrat et de nous marier ;
Ce sera de vos feux la plus croyable preuve.

Arlequin sort.

SCÈNE XI

COLOMBINE, seule.

Comment m'habillerai-je? En blanc? non, je suis veuve.
De le faire pourtant j'aurais presque le droit,
Car Pierrot, mon défunt, fut un mari bien froid.
En rose? c'est trop vif; en bleu clair? c'est trop tendre ;
Lilas réunit tout, c'est lilas qu'il faut prendre.

Elle va pour sortir; en se retournant, elle rencontre Pierrot.

En croirai-je mes yeux? ciel! Pierrot! mon époux!

SCÈNE XII

COLOMBINE, PIERROT.

PIERROT.

Non, je ne le suis plus... J'ai tout vu.

COLOMBINE.

Vieux jaloux!

PIERROT.

Moi, jaloux?... Insensible aux plaisirs comme aux peines,
Je ne puis plus souffrir des passions humaines.
Je suis mon spectre.

COLOMBINE.

Ah bah !

PIERROT.

J'apparais, je reviens,
Pur esprit dégagé des terrestres liens,
Et tout tranquillement, devant qu'il fasse sombre,
Au soleil de midi je réchauffe mon ombre.

COLOMBINE.

Je t'avais vu, Pierrot, et j'ai voulu, par jeu,
Au moyen d'Arlequin te tourmenter un peu.

PIERROT.

Qui, moi, m'inquiéter de ces billevesées ?
Dans l'autre monde on a de plus graves pensées !

COLOMBINE.

Je t'aime.

PIERROT.

Je suis mort.

COLOMBINE.

Allons donc !

PIERROT.

J'ai vécu.

COLOMBINE.

Embrasse-moi.

PIERROT.

Fi donc! Faire Arlequin cocu?
C'est votre époux! j'irais commettre un adultère,
Et, funèbre galant sorti de dessous terre,
Faire, en flagrant délit de conversation
Criminelle, surprendre une apparition?
Non, je suis trop moral.

COLOMBINE.

Quelle étrange folie!
Laisse-toi caresser.
Pierrot fait un geste de dénégation.
Ne suis-je plus jolie,
Que ta petite femme, hélas! ne te plaît plus?

PIERROT.

Si fait, mais mon état rend tes soins superflus.

COLOMBINE.

En Espagne, sans doute, une brune coquine,
Retient ta fantaisie aux plis de sa basquine,
Ou bien quelque Moresque aux yeux de noir cernés
A suspendu ton cœur à l'anneau de son nez,
Et tu reviens ici, sec, n'ayant plus que l'âme,
Jouer le rôle d'ombre et de mort pour ta femme.

PIERROT.

Je suis sec, mais vit-on jamais squelette gras?

COLOMBINE.

Sans rancune, cher mort, mais tu me le paieras!
Elle sort.

SCÈNE XIII

PIERROT, puis ARLEQUIN.

PIERROT, seul.

Que je suis satisfait, en ce conflit néfaste,
Légitime Joseph, d'être demeuré chaste !
En laissant mon manteau je me suis en allé.
Honneur à moi !... Pourtant j'étais ému, troublé ;
J'ai senti, pour un mort, un mouvement étrange ;
Mais c'est que la diablesse est faite comme un ange !
Quel sourire câlin ! quel petit air mignon !
Oui, je fus un grand sot de lui répondre : Non !

ARLEQUIN, entrant, à part.

La Colombine vient, en sortant, de me dire
Que c'était son mari, cette face de cire,
Ce Pierrot dépendu qu'on devrait pendre encor !

PIERROT.

Mais j'y songe, j'ai là dans ma poche un trésor.
Ce flacon... l'élixir de longue vie.

ARLEQUIN, à part.

Ah ! diantre !

PIERROT.

Et je vais m'en fourrer deux bons coups dans le ventre
De trois cents ans chacun.

ARLEQUIN, à part.
>Tâchons de l'empêcher.

PIERROT.

Cette fiole n'est pas aisée à déboucher.

ARLEQUIN.

Ma ruine dépend de cette réussite !
Hélas ! Arlequin meurt si Pierrot ressuscite !
Trouvons quelque moyen qui ne soit pas commun
Pour l'aborder. Hum ! hum !

PIERROT, se retournant.
>J'entends tousser quelqu'un.

ARLEQUIN.

Bonjour, seigneur Pierrot.

PIERROT.
>Cachons bien la bouteille.

ARLEQUIN, à part.

Le flacon sort son col de sa poche ; à merveille !
>Haut.

Et comment menons-nous cette chère santé ?

PIERROT.

Mais, pour un trépassé, pas mal, en vérité.

ARLEQUIN.

Vous avez l'air gaillard.

PIERROT.
>Oui. Pourtant tout à l'heure

J'espère bien jouir d'une santé meilleure.
Avec l'eau du docteur je veux faire un essai ;

Arlequin, vous aimez ma femme?

ARLEQUIN.

Oh!...

PIERROT.

Je le sai...

Ne vous défendez pas, mon cher... Elle est charmante!...
Arlequin, jurez-moi d'épouser votre amante ;
Si l'élixir n'a pas l'effet que j'en attends,
Mes mânes sur ma tombe erreront plus contents !

ARLEQUIN.

Oui, je l'épouserai.

PIERROT.

Jurez-le sur mes cendres !
Pour elle ayez toujours les égards les plus tendres !
Ne la battez jamais... que quand vous serez gris...

<small>Arlequin, pendant ce discours, tire le flacon de la poche de Pierrot, boit l'élixir et met à la place la souris qui est dans la boîte, au seuil de la maison de Colombine.</small>

ARLEQUIN, à part.

Le tour est fait... Et toi, ma petite souris,
Changeant de possesseur comme de souricière,
Au lieu de l'élixir, coule-toi dans ce verre.

PIERROT.

Ne m'abandonne pas à l'instant solennel ;
En buvant, je remeurs ou deviens éternel !
Salut, ou bien adieu, ciel à la voûte bleue !

<small>Il boit.</small>

Quel prodige !... le baume avait donc une queue !...

Je la sens frétiller dans ma bouche!...
ARLEQUIN.
        Pierrot,
Lorsque vous avalez vous vous dépêchez trop...
Vous venez d'opérer...
PIERROT.
      Je frémis d'épouvante!..
ARLEQUIN.
L'ingurgitation d'une souris vivante!...
PIERROT.
Je la sens qui remue... et, dans mon estomac,
Ses évolutions font un affreux mic-mac...
Comme dans une cage, elle tourne, elle tourne...
ARLEQUIN.
Quand un endroit lui plaît, longtemps elle y séjourne.
PIERROT.
Croire avaler la vie et boire une souris!
ARLEQUIN.
Sans doute vous avez chicané sur le prix...
Le docteur, mécontent d'une somme incomplète,
Veut orner son armoire avec votre squelette.
PIERROT.
Vous êtes consolant!... Oh! quel saut elle a fait!...
ARLEQUIN, riant.
Ha! ha! ha! l'élixir eût produit moins d'effet!...
PIERROT.
Tu railles, scélérat! tu ris de mes tortures!

ARLEQUIN.

Hi! hi! vit-on jamais plus grotesques postures?

PIERROT.

Misérable!...

ARLEQUIN, ressentant les effets de l'élixir.

Aie! aie! aie! ai-je pris du poison?
Je me sens travaillé d'une étrange façon...
Je suis comme l'on est les jours de médecine...
Ah! traîtresse liqueur!... ah! boisson assassine!...

PIERROT.

Je la sens, sous ma peau, marcher, trotter, courir,
Comme dans un buffet que je ne puis ouvrir;
Elle monte et descend, elle ronge, elle gratte...
Ah! maudite souris!... ah! bête scélérate!...
Mais vous ne riez plus...

ARLEQUIN.

Si, je ris comme un fou!...

PIERROT.

Si je pouvais au corps m'introduire un matou!...
Que ne suis-je un moment chanteur à voix fêlée,
Pour voir cette souris par un chat étranglée!
Le sérieux vous prend, vous, naguère si gai?

ARLEQUIN.

D'un sot rire bientôt le sage est fatigué...

PIERROT.

Vous avez, à présent, l'air tout mélancolique.

ARLEQUIN.

Ah! la tranchée affreuse!... Ah! l'atroce colique!...

PIERROT.

Que vous arrive-t-il?

ARLEQUIN.

Je n'y puis plus tenir!...
Je retourne chez moi...

PIERROT.

Si vite?

ARLEQUIN.

Pour finir...

PIERROT.

Ne vous en allez pas... Vos départs sont trop brusques...

ARLEQUIN.

Un travail très-pressé sur les vases étrusques...

Il sort par le fond.

SCÈNE XIV

PIERROT, seul.

Me voilà dans le monde assez mal situé,
Par ces damnés païens ai-je été bien tué?
Suis-je vivant ou mort? c'est ce qui m'embarrasse.
Si je suis mort, un point entre autres me tracasse :
Pourquoi mon estomac a-t-il plus que souvent,
Bien qu'estomac défunt, un appétit vivant,

Et pourquoi mon gosier, qui devrait être sobre,
S'ouvre-t-il si béant au jus que presse octobre.
En attendant, mangeons ce poulet que j'ai pris,
Et puis buvons un coup pour noyer la souris...
Éprouver les besoins qu'on a quand on existe,
La faim, la soif, l'amour, étant mort, c'est fort triste !
Tout espoir est perdu, je ne puis ressaisir
Au ventre d'Arlequin ce fatal élixir !
Que faire?... Tuons-nous, mais une fois pour toutes,
C'est le meilleur moyen de sortir de ces doutes.
Voyons. Si je prenais la corde? non, vraiment,
Le chanvre ne va pas à mon tempérament...
Si je sautais d'un pont? Non, l'eau froide m'enrhume...
Ou si je m'étouffais avec un lit de plume?
Fi donc ! je suis trop blanc pour singer Othello...
Ainsi, ni le cordon, ni la plume, ni l'eau ;
L'arme à feu souvent rate et veut beaucoup d'adresse ;
Si je m'asphyxiais par une odeur traîtresse?...
Pouah! tous ces trépas-là ne sont pas ragoûtants.
Bon! m'y voilà : j'ai lu, dans un conte du temps,
L'histoire d'un mari qui chatouilla sa femme,
Et la fit, de la sorte, en riant, rendre l'âme...
Cette mort me convient; c'est propre, gai, gentil.
Allons, chatouillons-nous ; d'un mouvement subtil,
Que ma main, sur mes flancs en tous sens promenée,
Imite avec ses doigts les pas de l'araignée.

Il se chatouille.

Ouf ! je ferais des sauts comme en font les cabris,
Si je ne m'empêchais... Continuons... je ris...

SCÈNE XV

PIERROT, COLOMBINE.

COLOMBINE.

Quel est donc ce nigaud qui se pince pour rire ?

PIERROT.

C'est un mort qui se tue.

COLOMBINE.

     Ose encor le redire.
Ou, malgré la maigreur dont tu fais embarras,
Je saurai te trouver assez de chair au bras
Pour te faire mal...

Elle le pince.

PIERROT.

Aie !

COLOMBINE.

    Imbécile, maroufle,
Ta face existe assez pour un coup de pantoufle,
Tiens, bélitre !

Elle lui donne un soufflet avec sa mule.

PIERROT

Ouf !

COLOMBINE.

Ma main, alerte à souffleter,
Ne négligera rien pour te ressusciter.
Ah! gueux, tu ne veux pas revivre à mes caresses,
Et, mort, à l'étranger tu nourris des maîtresses!
Puisque de mes baisers tu ne fais aucun cas,
Que tu n'es pas sensible aux moyens délicats,
J'abandonne ton cœur, et vais sur ton épaule
Faire dialoguer ton cuir avec ma gaule.
Elle le bat.
Ton dos est-il content de ce petit discours?

PIERROT.

On m'échine! on m'assomme! à la garde! au secours!

COLOMBINE.

Quel cadavre douillet!
Elle continue à le battre.

PIERROT.

Oh!

COLOMBINE.

Qu'as-tu donc à braire?
Tu sors du rôle : un mort ne sent rien...

PIERROT.

Au contraire!

COLOMBINE.

Faut-il continuer plus longtemps sur ce ton?

PIERROT.

Grâce!

COLOMBINE.

Que répond l'ombre à ces coups de bâton?

PIERROT.

L'ombre répond qu'elle est un corps qu'on martyrise.

COLOMBINE.

Si ta conviction n'était pas bien assise,
L'on peut...

PIERROT.

Non pas, je vis, je le sens, je le crois.
C'est assez; je mourrais tout de bon cette fois.

COLOMBINE.

Bon! tu renonces donc à ce jeu ridicule?

PIERROT.

Pour jamais. Cependant il me reste un scrupule.
Le docteur m'assurait...

COLOMBINE.

Le docteur est un sot.

PIERROT.

Justement le voici qui vient. Docteur, un mot!

SCÈNE XVI

PIERROT, COLOMBINE, LE DOCTEUR.

LE DOCTEUR.

Quatre, mon fils...

PIERROT.

Docteur... Vous êtes un vieux drôle!
Je suis vivant...

LE DOCTEUR.

Très-bien! vous avez bu ma fiole?

PIERROT.

Je n'ai rien bu... sinon une souris.

LE DOCTEUR.

Alors
Vous pouvez vous classer toujours parmi les morts.
Galien, Paracelse, Hippocrate, Avicenne
Disent également la pendaison malsaine.
Dans leurs œuvres l'on voit que, le larynx occlus,
Le poumon avec l'air ne communique plus;
L'organe intitulé parenchyme splénique
(Car il faut vous parler le langage technique)
Se gonfle et du thorax emplit les cavités;
D'un sang fuligineux, les méats injectés
N'apportent au cerveau que trouble et que vertige;
Bientôt la synovie aux jointures se fige,
L'on devient roide et sec comme un pantin de bois,
Livide, et dans l'état enfin où je vous vois.

PIERROT.

Je prétends que je vis.

LE DOCTEUR

Non.

PIERROT.
Si.

COLOMBINE.
La chose est sûre.

LE DOCTEUR.
Ce n'est que rêverie et qu'illusion pure...
La science est certaine et ne trompe jamais.
Ne vous entêtez pas à vivre, étant mort...

PIERROT.
Mais...

LE DOCTEUR.
Pas de mais.

PIERROT.
Cette tape est-elle de main morte?

LE DOCTEUR.
Oui.

COLOMBINE, à Pierrot.
Donne-lui plus bas une preuve plus forte.

PIERROT, lui donnant de son pied au derrière.
Cet argument est-il de pied mort?

LE DOCTEUR.
Non.

PIERROT.
Ces coups,
Pour venir d'un défunt, comment les trouvez-vous?

LE DOCTEUR.
Fort rudes; vous frappez à rompre les vertèbres!

PIERROT.
Tenez.

LE DOCTEUR.

J'ai des amis dans les pompes funèbres,
Et, si vous m'appliquez des soufflets aussi forts,
Je vous fais empoigner par quatre croque-morts.

PIERROT.

Docteur, pour éviter des gourmades sans nombre,
Convenez que je suis un corps et non une ombre.

LE DOCTEUR.

Vous êtes bien un corps, j'en conviens.

PIERROT.

C'est heureux!

LE DOCTEUR.

Être une ombre serait un destin moins affreux.

PIERROT.

c sens, je vois, j'entends, je marche, je respire.

LE DOCTEUR.

Oui, c'est le plus fâcheux.

PIERROT.

Et que suis-je?

LE DOCTEUR.

Un vampire!

COLOMBINE.

Un vampire! grands dieux!

LE DOCTEUR.

Ce teint mat et blafard,
Cette lèvre sanglante, avec cet œil hagard,
Tout le dit...

COLOMBINE.

S'il allait, pendant que je repose,
M'entr'ouvrir une veine et sucer mon sang rose ?

LE DOCTEUR.

Sans doute il le fera, car c'est le seul moyen
Que les gens de sa sorte aient pour se porter bien.

PIERROT.

N'est-il aucun remède, aucune médecine ?

LE DOCTEUR.

Mon Dieu si !... L'on vous plante un pieu dans la poitrine,
L'on vous coupe en quartiers, on brûle vos morceaux,
Puis le vent prend la cendre et la jette aux ruisseaux.

COLOMBINE.

Quelle horreur !... A jamais de vous je me sépare.

PIERROT.

Ce procédé me semble un tant soit peu barbare.

LE DOCTEUR.

J'en connais un plus doux, qu'on pourrait employer :
Certaine potion... mais il la faut payer.

PIERROT.

Avec quoi?

LE DOCTEUR.

Vos boutons, gros comme des ampoules,
Ont des onces d'Espagne et des ducats pour moules.

PIERROT.

Chut !...

LE DOCTEUR.

Un seul me suffit.

PIERROT.
>
Je vais vous le donner.

COLOMBINE.

Vampire! je me risque à te déboutonner...
Tu ne me fais plus peur, cher Pierrot de mon âme!
Allons, donne un baiser à ta petite femme...
Je te dorloterai, je te bichonnerai...
S'il te manque un bouton, je te le recoudrai..

> *Elle lui arrache les boutons de son habit.*

PIERROT.

Fort bien; mais c'est montrer trop de zèle, peut-être,
Que les couper soi-même afin de les remettre.

COLOMBINE.

Laisse-moi, dans mes bras, sur mon cœur te presser!
Tendre vigne, à l'ormeau laisse-toi m'enlacer!

> *On entend geindre Arlequin.*

Humph!...

LE DOCTEUR.
>
Qui peut soupirer et geindre de la sorte?

PIERROT.

Est-ce un veau que l'on sèvre?...

COLOMBINE.
>
Un chien mis à la porte?

PIERROT.

C'est Arlequin.

COLOMBINE.
>
Qu'a-t-il à pousser ces clameurs?

LE DOCTEUR.

Pourquoi s'est-il juché tout là-haut?

ARLEQUIN, à la fenêtre de sa maison, qui fait face au public.

Je me meurs!...
Je suis empoisonné!...

LE DOCTEUR.

Bon, je cours à votre aide;
Pour vous réconforter j'ai là certain remède!

ARLEQUIN.

Non, vous m'achèveriez...

COLOMBINE.

Dites, qu'avez-vous pris,
Pour souffrir de la sorte et pousser de tels cris?

ARLEQUIN, de sa fenêtre.

J'ai bu de l'élixir de longue vie!...

PIERROT.

Étrange
Effet; la longue vie en mort brusque se change!

COLOMBINE.

Malheureux Arlequin!... Qu'avez-vous fait, docteur?

ARLEQUIN, de sa fenêtre.

Tu m'as trompé, tu n'es qu'un gueux, qu'un imposteur!

LE DOCTEUR.

Non, mon élixir reste à son titre fidèle.
Car vous allez jouir de la vie éternelle!

ARLEQUIN.

Je vais mieux : d'un regard de son œil attendri,

La belle Colombine aussitôt m'a guéri !...
Je descends...

COLOMBINE, lui arrachant encore un bouton.

Cher Pierrot !...

PIERROT.

Encore un qu'elle coupe !

ARLEQUIN, entrant en scène.

Ce tableau clocherait si je manquais au groupe.

COLOMBINE.

Vous ne pouvez rester, Pierrot est de retour ;
Tâchez, l'espoir perdu, d'oublier votre amour...
Voyagez, retournez au pays bergamasque.

ARLEQUIN.

Mon cœur se fend ! les pleurs ruissellent sous mon masque.

PIERROT.

Il ne partira pas ! je ne suis pas jaloux,
Ensemble nous vivrons dans l'accord le plus doux.

LE DOCTEUR.

Grand Pierrot !

ARLEQUIN.

Je serai vertueux.

COLOMBINE.

Et moi sage.

PIERROT.

Un ami très-souvent est commode en ménage.
Il me divertira lorsque je m'ennuîrai,
Et sera le parrain des enfants que j'aurai.

LE
TRICORNE ENCHANTÉ

BASTONNADE EN UN ACTE ET EN VERS,

MÊLÉE D'UN COUPLET

(AVEC M. SIRAUDIN.)

LE TRICORNE ENCHANTÉ

BASTONNADE EN UN ACTE ET EN VERS, MÊLÉE D'UN COUPLET.

Personnages.

GÉRONTE.
VALÈRE.
FRONTIN.
CHAMPAGNE.
INEZ.
MARINETTE.

La scène se passe devant la maison de Géronte, sur une place publique.

SCÈNE PREMIÈRE

FRONTIN, MARINETTE.

FRONTIN, entrant, à part.

Quoi ! Marinette ici !

MARINETTE, même jeu.

Frontin ! quelle rencontre !

FRONTIN, de même.

La coquine !

MARINETTE, de même.

Le drôle !

FRONTIN, de même.

Il faut que je me montre.
Elle m'a vu...

Haut.

Bonjour, Marinette.

MARINETTE.

Bonjour,
Frontin... Ce cher ami, le voilà de retour !

FRONTIN.

Oui, d'hier seulement... J'étais à la campagne,
Dans mes terres...

MARINETTE.

Et moi qui te croyais au bagne !

FRONTIN.

Tu me flattes !... Mais, toi, qui donc m'a raconté
Que, faute de château pour passer ton été,
—N'en rougis pas, la chose arrive aux plus honnêtes !...
Pendant six mois, tu pris l'air... aux Madelonnettes ?

MARINETTE.

D'où je sortis le jour que, par malentendu
Sans doute, en plein marché ton oncle fut pendu...

FRONTIN.

Hélas ! de compagnie avec monsieur ton père...

Quel brave homme ! Le ciel l'enviait à la terre,
Si bien qu'il a fallu le mettre entre les deux !
Hi ! hi ! hi ! hi !

MARINETTE.

Cessons des propos hasardeux.
A quoi bon rappeler de semblables vétilles ?
Chacun a ses malheurs, et si dans nos familles
Il s'est trouvé parfois de ces rares esprits,
Par des juges mesquins, méconnus, incompris,
Faut-il l'aller crier sur la place publique ?
Non, ce n'est pas ainsi qu'entre amis l'on s'explique !

FRONTIN.

C'est juste. Mais changeons d'entretien. Que fais-tu
Maintenant ?

MARINETTE.

Rien qui soit contraire à la vertu.

FRONTIN.

Ah bah !

MARINETTE.

De mes conseils j'aide une demoiselle
Charmante, sur qui pèse une affreuse tutelle.

FRONTIN.

Qui donc t'a procuré de bons certificats ?

MARINETTE.

Insolent !

FRONTIN.

Là, tout doux ! Je fais le plus grand cas

De toi... je plaisantais.

MARINETTE.

Trêve de raillerie!
Sur quel pied, dans ce monde, est Votre Seigneurie?

FRONTIN.

Je sers un gentilhomme amoureux, — l'animal!
J'ai très-peu de profits; mais j'ai beaucoup de mal.
Il faut tout faire ! Ah ! si le sort m'avait fait naître
Situé de façon à pouvoir être maître,
Je ne l'aurais pas pris pour valet, à coup sûr!
N'est pas valet qui veut ! C'est un métier fort dur :
On exige de nous tant de vertus... pratiques!
Bien des héros seraient de piètres domestiques;
Les maîtres ! que feraient sans nous ces marauds-là ?

MARINETTE.

Mais si quelqu'un au tien allait dire cela?...

FRONTIN.

Il n'en ferait que rire ; il m'aime. J'ai des vices...

MARINETTE.

Lesquels rendent aux siens de précieux services !

FRONTIN.

C'est vrai ! Je suis... adroit ; mais il est amoureux,
Et ces deux grands défauts se consolent entre eux!

MARINETTE.

C'est comme moi, Frontin : si j'étais trop naïve,
De quoi donc servirais-je à mon Agnès craintive?

FRONTIN.

Je m'en rapporte à toi pour faire ton devoir,
Marinette... A propos, je voudrais bien savoir
Pour quel motif tu viens, à ces heures sauvages,
Mystérieusement rôder dans ces parages ?

MARINETTE.

Ainsi que toi, je suis dans la position,
Cher Frontin, de commettre une indiscrétion ;
— Je la commets. — Pourquoi venir ici, vieux drôle,
La toque sur les yeux, le manteau sur l'épaule?

FRONTIN.

Réponds, je répondrai.

MARINETTE.

    Tu sais qu'en demandant
L'on n'obtient rien de moi. J'ai des mœurs.

FRONTIN.

        Cependant
Il n'en fut pas toujours ainsi...

MARINETTE.

    Fat !

FRONTIN.

    Oublieuse !

MARINETTE.

Impertinent!

FRONTIN.

Méchante !

MARINETTE.

Indiscret !

FRONTIN.

Curieuse !

MARINETTE.

Chut ! quelqu'un vient.

FRONTIN.

Eh ! c'est Champagne, le valet
De Géronte... A-t-il l'air d'un oison !

MARINETTE.

Est-il laid !

SCÈNE II

LES MÊMES, CHAMPAGNE.

FRONTIN.

Hé ! Champagne !

CHAMPAGNE.

Hé ! Frontin !

FRONTIN.

Dis-nous comment se porte
Monsieur Géronte.

CHAMPAGNE.

Il va d'une admirable sorte !
A moins qu'on ne l'assomme, il ne mourra jamais.

MARINETTE.

Il est encor très-vert...

CHAMPAGNE.

Un peu jaune.

MARINETTE.

Très-frais...

CHAMPAGNE.

Oui, rempli de fraîcheurs !

MARINETTE.

Très-ingambe

CHAMPAGNE.

Sans doute,
Quand il a son bâton et qu'il n'a pas sa goutte.

MARINETTE.

Il est, ma foi, très-bien, et je l'aimerais mieux
Qu'un tas de jeunes gens qui font les merveilleux.

FRONTIN.

A quoi s'occupe-t-il, ce digne maître ?

CHAMPAGNE.

Il grille,
Verrouille, cadenasse et clôture une fille
Fort jolie : un jeune ange aux yeux perçants et doux,
Mademoiselle Inez, dont il est si jaloux,
Que pour elle il a fait, malgré sa ladrerie,
Des prodigalités...

FRONTIN.

Bah !

CHAMPAGNE.
De serrurerie !
MARINETTE.
C'est d'un homme prudent et d'un sage tuteur.
FRONTIN.
Et réussit-il ?
CHAMPAGNE.
Peu. Le côté séducteur
N'est pas son fort ! Il est, pour un objet si rare,
Trop vieux, trop laid, trop sot, et surtout trop avare !
FRONTIN.
Le ciel évidemment ne l'avait pas formé
Pour jouir ici-bas du bonheur d'être aimé.
CHAMPAGNE.
Personne n'a jamais aimé monsieur Géronte.
FRONTIN.
Pas même sa femme ?
CHAMPAGNE.
Elle ? allons donc !
FRONTIN.
A ce compte...
CHAMPAGNE.
Monsieur Géronte était, sois-en bien convaincu...
FRONTIN.
Ce qu'en termes polis on appelle... trompé !
CHAMPAGNE.
C'était moi qui portais les billets à madame.

Elle est morte ; que Dieu veuille prendre son âme !
L'heureux temps ! je buvais à tire-larigot,
Et du port des poulets je me fis un magot,
Lequel est dans les mains de Géronte, mon maître,
Qui, voulant le garder, me garde aussi peut-être :
Car, de nature, il est lent à rendre l'argent,
Bien qu'à le recevoir il soit fort diligent...
Au reste, il me nourrit plus mal qu'un chien de chasse,
De mes gages déduit les cannes qu'il me casse
Sur le dos, et m'habille avec de tels lambeaux,
Que je fais d'épouvante envoler les corbeaux !
Quel sort ! Ah ! je suis né sous un astre bien chiche !

FRONTIN.

Si tu veux me servir, moi, je te ferai riche.

MARINETTE.

Et moi, je t'aimerai.

CHAMPAGNE.

Non... je suis vertueux,
Et ne donne les mains à rien de tortueux ;
Car, s'il en avait vent, le sieur Géronte est homme
A me mettre dehors en retenant ma somme !

FRONTIN.

Ainsi tu dis non ?

CHAMPAGNE.

Oui, je dis non.

FRONTIN, le battant.

Ah ! gredin !

Ah! maroufle! ah! veillaque! en veux-tu du gourdin?
En voilà!

CHAMPAGNE.

Aie! aie! aie! on me roue, on m'échine!
Marinette me pince, et Frontin m'assassine!

FRONTIN.

Entre dans mes projets; à tes yeux éblouis
Va rayonner soudain un rouleau de louis.

CHAMPAGNE.

Donne.

FRONTIN.

Sers-moi d'abord.

CHAMPAGNE.

Pour qui me prends-tu?

FRONTIN.

Traître!

Tu veux rester honnête et fidèle à ton maître!
Tiens!

Il le bat de nouveau.

SCÈNE III

LES MÊMES, GÉRONTE.

GÉRONTE.

Qu'est-ce? On bat Champagne?

FRONTIN.

Il l'a bien mérité,
Et je voudrais l'avoir encor plus maltraité!

GÉRONTE.

Qu'a-t-il fait?

FRONTIN.

Rien, monsieur, et c'est son plus grand crime :
Un laquais fainéant est indigne d'estime ;
Car il est bien prouvé qu'on ne l'engage pas
Pour cracher dans les puits et se croiser les bras.

GÉRONTE.

Mon domestique oisif! ah! le lâche courage!
Tu me frustres!

CHAMPAGNE.

Monsieur, j'ai fini mon ouvrage.

GÉRONTE.

Recommence-le !

FRONTIN.

Au lieu de garder la maison,
Il boit au cabaret à perdre la raison!

MARINETTE.

Voyez plutôt : le vin illumine sa trogne,
Et sur son nez écrit en couleur rouge : Ivrogne !

CHAMPAGNE.

Si j'ai bu, les poissons dans la Seine sont gris.

GÉRONTE.

Est-ce pour te soûler, goinfre, que je t'ai pris ?

CHAMPAGNE.

Je suis à jeun.

FRONTIN, le poussant.

Le sol, à son pied qui chancelle
Semble, par un gros temps, le pont d'une nacelle.

MARINETTE, même jeu.

Il ne danserait pas sur la corde, bien sûr !

FRONTIN, même jeu.

Pour t'appuyer, veux-tu que je t'apporte un mur ?

CHAMPAGNE.

Ne me pousse donc pas !

GÉRONTE.

Sac à vin ! brute immonde !

MARINETTE.

En cet affreux état pendant qu'il vagabonde,
Quelqu'un de ces blondins, hirondelles d'amour
Qui rasent les balcons sur le déclin du jour,
N'aurait qu'à pénétrer jusqu'à votre pupille !

FRONTIN.

Quelqu'un de ces gaillards, de morale facile,
N'aurait qu'à se glisser jusqu'à votre trésor !

GÉRONTE.

Ciel ! que dites-vous là ? Ma pupille ! mon or !
Les galants, les voleurs ! Ah ! j'en perdrai la tête !
Je te chasse, brigand !

CHAMPAGNE.

Monsieur, je vous répète

Que...

GÉRONTE.

Pas un mot de plus, ou je t'assomme!

CHAMPAGNE.

Au moins,
Rendez-moi mon argent.

GÉRONTE.

Tu n'as pas de témoins :
Ton argent! pour les frais de dépôt, je le garde.
Sors d'ici, scélérat!

Tous tombent sur Champagne.

CHAMPAGNE, se sauvant.

Au secours! à la garde!

SCÈNE IV

GÉRONTE, FRONTIN, MARINETTE.

GÉRONTE.

Me voilà délivré de ce fieffé vaurien !
Il aura beau crier, je ne lui rendrai rien ;
Car comment a-t-il pu, même étant économe,
Moi ne le payant pas, amasser cette somme?

FRONTIN.

Il vous a détroussé.

MARINETTE.

C'est limpide.

FRONTIN.

L'argent
Du drôle est vôtre. Un maître un peu moins indulgent
L'enverrait, sur la mer, écrire avec des plumes
De quinze pieds, coiffé, dans la crainte des rhumes,
D'un superbe bonnet du rouge le plus vif.

MARINETTE.

Vous tromper! c'est affreux! Vous si bon! si naïf!

GÉRONTE.

Je suis assez vengé si je n'ai rien à rendre,
Et j'aime autant qu'il aille ailleurs se faire pendre.

FRONTIN.

Très-bien! mais vous voilà sans valet maintenant.

GÉRONTE.

Sans valet, tu l'as dit. O revers surprenant!
Un homme comme moi sans valet! Quelle honte!

FRONTIN.

De ses augustes mains, certes, monsieur Géronte
Ne peut pas, aux regards des voisins ébaubis,
Peindre en noir sa chaussure et battre ses habits.

GÉRONTE.

Non; l'on ferait sur moi cent brocards, cent risées.

MARINETTE.

Qui suifera, le soir, vos boucles défrisées?

GÉRONTE.

Dans quel gouffre de maux suis-je tombé, grand Dieu !

MARINETTE.

Qui viendra, le matin, vous allumer du feu ?

GÉRONTE.

Je me sens affaissé... la tristesse me gagne ;
Ah ! Champagne, mon bon, mon fidèle Champagne,
Tu me manques !

FRONTIN.

Un sot !

MARINETTE.

Un ivrogne !

FRONTIN.

Un voleur !

GÉRONTE.

D'accord ; mais, s'il volait, j'étais le recéleur ;
Et, désormais, le fruit de ses... économies,
Il le déposera dans des mains ennemies.

FRONTIN.

C'est vraiment douloureux ; mais, puisqu'il est chassé,
N'y pensez plus.

GÉRONTE.

Par qui sera-t-il remplacé ?
Hélas !

FRONTIN.

Par moi.

MARINETTE.

Par moi.

GÉRONTE.

Frontin ou Marinette?
Quel choix embarrassant!

FRONTIN.

Monsieur, je suis honnête,
Actif, intelligent, mangeant peu, buvant moins.

MARINETTE.

Pour un maître, monsieur, j'ai mille petits soins :
Je bassine son lit, je chauffe ses pantoufles,
Je lui tiens son bougeoir, je lui fais...

FRONTIN.

Tu t'essouffles,
Ma chère! Laisse-moi la parole un moment.
Si je m'offre, monsieur, c'est par pur dévouement ;
Je ne veux rien de vous, rien, ou fort peu de chose :
Vingt écus!

GÉRONTE.

Ce garçon plaide fort bien sa cause.
Je te prends.

MARINETTE.

Quinze écus, et l'honneur d'être à vous,
De mes peines seront un loyer assez doux ;
Car je sers pour la gloire.

GÉRONTE.

Elle est, ma foi, gentille ;

J'aime sa bouche en cœur et son œil qui scintille.
Je te prends.

FRONTIN.

Dix écus, monsieur, me suffiront.

GÉRONTE.

Je te retiens.

MARINETTE.

Monsieur, ne soyez pas si prompt.
Je tiens plus, près d'un maître, aux égards qu'au salaire.
Donnez-moi cinq écus, et je fais votre affaire.

GÉRONTE.

C'est conclu, Marinette.

FRONTIN.

Une minute ; moi,
Je ne demande rien du tout !

GÉRONTE.

Alors, c'est toi
Que je choisis.

MARINETTE.

Je fais de plus grands avantages :
Au lieu de moi, c'est vous qui recevrez des gages,
Et je vous donnerai cent pistoles par an !

GÉRONTE.

Ce mode est le meilleur. Marinette, viens-t'en.

FRONTIN.

J'offre deux cents !

MARINETTE.

Trois cents !

FRONTIN.

Les profits !

MARINETTE.

La défroque !

GÉRONTE, à part.

Tant de zèle à la fin me paraît équivoque :
Et quel but peut avoir un tel acharnement?

MARINETTE.

Ne vous empêtrez pas d'un pareil garnement.

FRONTIN.

Par bonté d'âme il faut que je vous avertisse...

MARINETTE.

Vous allez, avec lui, prendre à votre service
Une collection de penchants dissolus.

FRONTIN.

Elle a tous les défauts, et quelques-uns de plus !

GÉRONTE.

Au fait, elle a bien l'air d'une franche coquine.

FRONTIN.

C'est sa seule franchise.

MARINETTE.

Et lui, voyez sa mine,
Son œil d'oiseau de proie et son teint basané :
C'est un coupe-jarret authentique et... signé !

GÉRONTE.

Marinette, Frontin, je vous crois l'un et l'autre;
Et sur chacun de vous mon avis est le vôtre.
Mon choix entre vous deux hésite suspendu;
Aussi, tout bien pesé, bien vu, bien entendu,
J'aime encor mieux Champagne, et vais à sa recherche
Dans le cabaret louche où d'ordinaire il perche.

Il sort.

SCÈNE V

MARINETTE, FRONTIN.

FRONTIN.

Diantre! le vieil oison s'envole effarouché!

MARINETTE.

Frontin, ai-je été sotte!

FRONTIN.

        Ai-je eu l'esprit bouché,
Marinette!

MARINETTE.

D'abord, j'aurais dû te comprendre.

FRONTIN.

Et nous nous sommes nui, faute de nous entendre!

MARINETTE.

J'ai défait ton ouvrage.

FRONTIN.
Et moi détruit le tien.

MARINETTE.
Au lieu de nous prêter un mutuel soutien !

FRONTIN.
C'est trop de deux fripons pour la même partie.

MARINETTE.
Toujours par l'un des deux la dupe est avertie.

FRONTIN.
Jouons cartes sur table, et parlons sans détour :
Tu machinais ici pour des choses d'amour ?

MARINETTE.
Sans doute ; — comme toi ?

FRONTIN.
Tu venais pour l'amante ?

MARINETTE.
Oui ; — toi, pour l'amant ?

FRONTIN.
Oui.

MARINETTE.
La rencontre est charmante !

FRONTIN.
Pour Inez ?

MARINETTE.
Pour Valère ?

FRONTIN.

    Assez ! embrassons-nous !
Unissons nos moyens et concertons nos coups !

SCÈNE VI

LES MÊMES, VALÈRE.

FRONTIN.

Mais j'aperçois de loin venir monsieur Valère,
Mon nouveau maître.

MARINETTE.

    Il a tout ce qu'il faut pour plaire :
Beauté, jeunesse...

FRONTIN.

   Oui, tout, hormis l'essentiel :
L'argent.
A Valère.
 Qu'apportez-vous ?

VALÈRE.

   Pas un sol.

FRONTIN.

     Terre et ciel !
A quoi vous sert d'avoir un oncle ridicule ?

VALÈRE.

Sois plus respectueux pour Géronte.

FRONTIN.

Scrupule
Touchant! Un oncle affreux qui vous laisse nourrir
Par les juifs, et s'entête à ne jamais mourir!

VALÈRE.

Il m'a déshérité.

FRONTIN.

C'est différent : qu'il vive!

VALÈRE.

Et toi, qu'as-tu fait?

FRONTIN.

J'ai dans l'imaginative
Certain tour fort subtil, d'un effet assuré.

VALÈRE.

Raconte-moi la chose.

FRONTIN.

Oh! non; je suis muré.
Le secret est beaucoup dans un tel stratagème,
Et vous ne saurez rien que par le succès même.

Inez paraît à son balcon.

SCÈNE VII

LES MÊMES, INEZ, au balcon.

MARINETTE.

Monsieur, de ce côté veuillez tourner les yeux :
C'est Inez qui paraît.

VALÈRE.

Je vois s'ouvrir les cieux !

FRONTIN.

Les cieux ! — Une fenêtre à carreaux vert-bouteille !

VALÈRE.

L'Aurore resplendit, souriante et vermeille...

FRONTIN.

L'Aurore se met donc au balcon, ce matin ?

VALÈRE.

Faisant pâlir la rose à l'éclat de son teint !

FRONTIN.

Pardon, monsieur. — Ce style est trop métaphorique,
Et vous perdez le temps en fleurs de rhétorique :
L'occasion est femme, et ne nous attend pas...
Marinette, aux aguets cours te mettre là-bas.
— Au pied du mur, je vais faire la courte échelle,
Afin de vous hausser jusques à votre belle.

VALÈRE.

Comment payer...

FRONTIN.

Plus tard, quand vous serez en fonds !

VALÈRE.

Frontin, ô mon sauveur !

FRONTIN.

Allons, vite, grimpons !

Une ! deux !

VALÈRE, sur le dos de Frontin.

M'y voilà !

FRONTIN.

Tenez-vous au balustre.

VALÈRE, à Inez.

Pour s'élever à vous, il faudrait être illustre,
Inez, être le fils des rois ou des héros !

FRONTIN.

Il suffit d'un Frontin qui vous prête son dos...

VALÈRE.

Je sens tout mon néant et toute ma misère !
Je n'ai rien, je le sais, qui soit fait pour vous plaire ;
Mais vos yeux, à la fois charmants et meurtriers,
Ont des traits à percer les plus durs boucliers.
Ne vous offensez pas des soupirs qui s'échappent
Du sein des malheureux que, par mégarde, ils frappent ;
Ne vous offensez pas d'un téméraire espoir,
Et ce cœur tout à vous daignez le recevoir !

INEZ.

Le pardon est aisé quand l'offense est si douce !

VALÈRE.

Croyez que mon amour...

A Frontin.

Diantre ! quelle secousse !
J'ai failli choir !

FRONTIN.

Monsieur, vous pesez comme un plomb.

Achevez, et, pour Dieu, ne soyez pas si long!
INEZ.
Valère, je vous crois; Valère, je vous aime;
Je vous l'avoue ici beaucoup trop vite même;
Mais la gêne où je vis excuse cet aveu,
Qu'une autre moins gardée eût fait attendre un peu.
Ces vieux barbons jaloux, avec toutes leurs grilles,
A ces extrémités forcent d'honnêtes filles!
VALÈRE.
Votre franchise, Inez, augmente mon respect.
MARINETTE.
Garde à vous, un objet monstrueux et suspect
S'avance à l'horizon.
FRONTIN.
   Vite, qu'Inez se penche;
Dressez-vous et baisez le bout de sa main blanche.
MARINETTE.
C'est Géronte!
FRONTIN.
  Abrégeons.
INEZ.
    Adieu, Valère, adieu!
FRONTIN.
Nous autres, maintenant, changeons d'air et de lieu!
Ils sortent.

SCÈNE VIII

GÉRONTE, seul

Quel est donc le fossé, quelle est donc la muraille
Où gît, cuvant son vin, cette brave canaille?
O Champagne! es-tu mort? As-tu pris pour cercueil
Un tonneau défoncé de Brie ou d'Argenteuil?
Modèle des valets, perle des domestiques,
Qui passais en vertu les esclaves antiques,
Que le ciel avait fait uniquement pour moi,
Par qui te remplacer, comment vivre sans toi?
— Parbleu! si j'essayais de me servir moi-même!
Ce serait la façon de trancher le problème.
Je me commanderais et je m'obéirais;
Je m'aurais sous la main, et, quand je me voudrais,
Je n'aurais pas besoin de me pendre aux sonnettes.
Nul ne sait mieux que moi que j'ai des mœurs honnêtes!
Que je me suis toujours conduit loyalement;
Ainsi donc je m'accepte avec empressement.
Ah! messieurs les blondins, si celui-là me trompe,
Vous le pourrez aller crier à son de trompe
J'empocherai votre or, et me le remettrai:
Vos billets pleins de musc, c'est moi qui les lirai.
D'ailleurs, je prends demain, qu'on me loue ou me blâme,

Mademoiselle Inez, ma pupille, pour femme.
Elle me soignera dans mes quintes de toux,
Et, près d'elle couché, je me rirai de vous,
Les Amadis transis, les coureurs de fortune,
Gelant sous le balcon par un beau clair de lune !
Et, quand j'apercevrai mon coquin de neveu,
De deux ou trois seaux d'eau j'arroserai son feu...

SCÈNE IX

GÉRONTE, VALÈRE

GÉRONTE.

Eh quoi ! c'est vous encor ?

VALÈRE.

     Mon oncle, je l'avoue,
C'est moi.

GÉRONTE.

   Vos pieds prendront racine dans la boue ;
Au même endroit planté vous restez trop longtemps,
Mon cher, et vous aurez des feuilles au printemps !

VALÈRE.

Je venais pour...

GÉRONTE.

  C'est bien ; allez-vous-en !

VALÈRE.

     De grâce !

GÉRONTE.

Pas de grâce !

VALÈRE.

   Mon oncle ! ah ! que je vous embrasse !

GÉRONTE.

Non ! non ! quel embrasseur que monsieur mon neveu !

VALÈRE.

Mon oncle, il faut qu'ici je vous fasse un aveu...

GÉRONTE.

Je refuse l'ouïe à tout aveu !

VALÈRE.

    Mon oncle !...

GÉRONTE.

A beau milieu du nez qu'il me pousse un furoncle,
Si j'écoute jamais rien de ce que tu dis !
Je t'ai déshérité : de plus, je te maudis !...

VALÈRE.

J'aime...

GÉRONTE.

  Jeune indécent, quel mot cru ! Sur ma nuque
Vos impudicités font rougir ma perruque ?

VALÈRE.

Oui, j'aime Inez...

GÉRONTE.

  Assez ! Si je vous vois encor

Dans ces lieux... Regardez ce jonc à pomme d'or !

Valère s'éloigne. Entre Frontin, qui échange avec lui un signe d'intelligence.

VALÈRE.

Mon oncle, vous avez des façons violentes.

GÉRONTE.

Décampe... j'ai les mains de colère tremblantes.

VALÈRE.

Calmez-vous... je m'en vais... Maintenant mon destin
Dépend de l'heureux sort des ruses de Frontin.

SCÈNE X

GÉRONTE, FRONTIN.

FRONTIN, à part.

Décidément Géronte est un oncle farouche.
Vieillard dénaturé, puisque rien ne te touche,
Je m'en vais te donner une bonne leçon,
Et te servir tout chaud un plat de ma façon.

Haut et s'avançant.

Monsieur qu'avez-vous donc ? vous avez l'air tout chose !

GÉRONTE.

J'étrangle de colère.

FRONTIN.

Et le pourquoi ?

GÉRONTE.

La cause
Qui peut faire passer de l'écarlate au bleu
Un oncle modéré, quelle est-elle?

FRONTIN.

Un neveu.

GÉRONTE.

Sous prétexte qu'il est un peu fils de mon frère,
Ce Valère maudit me damne et m'exaspère.

FRONTIN.

Heureux, trois fois heureux, qui n'a pas de parents!

GÉRONTE.

Sous le balcon d'Inez tous les jours je le prends,
Brassant quelque projet, dressant quelque machine...

FRONTIN.

La tulipe se plaît aux vases de la Chine,
La marguerite aux prés, la violette aux bois,
L'iris au bord des eaux, la giroflée aux toits;
Mais la fleur qui le mieux vient sous une fenêtre,
C'est un amant; Inez l'a remarqué, peut-être.

GÉRONTE.

Je saurai nettoyer et sarcler le terrain...
Mais, Frontin, couvre-toi; tu prendras le serein,
Si tu restes ainsi sans chapeau dans la rue.

FRONTIN.

Si je mets mon chapeau, j'échappe à votre vue,
Je m'éclipse...

GÉRONTE.

Comment ?

FRONTIN.

Je disparais tout vif !

GÉRONTE.

Que me chantes-tu là ?

FRONTIN.

Rien que de positif.
Avec attention examinez ce feutre.

GÉRONTE.

Il est d'un poil douteux et d'une teinte neutre.

FRONTIN.

Dites qu'il est déteint, bossué, crasseux, gras ;
Que le soleil, la pluie et les ans l'ont fait ras ;
J'en conviens. Mais jamais sur la terre où nous sommes,
Depuis les temps anciens que se coiffent les hommes,
Bien qu'il soit déformé, sans ganse et tout roussi,
Il n'exista chapeau pareil à celui-ci !

GÉRONTE.

J'en ai vu d'aussi laids, mais non pas de plus sales !

FRONTIN.

D'où pensez-vous qu'il vienne ?

GÉRONTE.

Eh ! des piliers des halles !

FRONTIN.

Fi donc ! c'est le chapeau de Fortunatus.

GÉRONTE.

Ça?

FRONTIN.

Ça! le chapeau qui rend invisible. Il passa
Dans mes mains par un tas de hasards incroyables,
D'événements trop vrais pour être vraisemblables.

GÉRONTE.

Quand on a ce chapeau sur la tête, dis-tu,
Personne ne vous voit?

FRONTIN.

Oui, telle est sa vertu.

GÉRONTE.

J'ai confiance en toi... Mais je ne te puis croire;
Un tel prodige veut une preuve notoire.

FRONTIN.

Vous l'aurez.

GÉRONTE.

Sur-le-champ?

FRONTIN.

Tenez, regardez bien...

GÉRONTE.

Oui... oui...

FRONTIN, passant derrière Géronte, et le tenant par la basque
de son habit.

Le tour est fait.—Que voyez-vous? Plus rien.

GÉRONTE.

Où donc est-il passé? C'est incompréhensible!

FRONTIN, même jeu.

Nulle part; je suis là, devant vous, invisible.

GÉRONTE.

Il faut que je te trouve absolument.

FRONTIN, même jeu.

       Cherchez,
Gros homme!

GÉRONTE.

    Je n'ai pas pourtant les yeux bouchés.

FRONTIN, même jeu.

Je le lui donne en cent. Je le tiens par la basque
De son habit! Monsieur, vous courez comme un Basque,
Ménagez-vous.

GÉRONTE.

    Prodige étrange à concevoir!
Il est là qui me parle, et je ne puis le voir!
Où donc es-tu, Frontin? A gauche?

FRONTIN, même jeu.

         Non, à droite.

GÉRONTE.

Par ici?

FRONTIN, même jeu.

  Non, par là. — Va, marche; je t'emboîte!

GÉRONTE.

Ouf! je suis tout en nage!

FRONTIN.

    Êtes-vous satisfait?

Êtes-vous convaincu pleinement?

GÉRONTE.

Tout à fait.

FRONTIN.

Or ça, reparaissons.

Il passe devant Géronte.

GÉRONTE.

Je te vois à merveille.

FRONTIN.

Pardieu!

GÉRONTE.

C'est étonnant! Je ne sais si je veille,
Ou si je dors. — Veux-tu me donner ce chapeau?

FRONTIN.

Je voudrais bien, monsieur, vous en faire cadeau :
Mais, vraiment, je ne puis... Ce chapeau c'est mon gîte,
Ma cave, ma cuisine...

GÉRONTE.

Il te sert de marmite?
Je ne suis plus surpris alors qu'il soit si gras!
Fait-il de bon bouillon?

FRONTIN.

Vous ne comprenez pas.
Quand l'heure du dîner me carillonne au ventre,
J'enfonce mon castor jusqu'au sourcil, et j'entre
Chez quelque rôtisseur, invisible pour tous.
Là, parmi les poulets, colorés de tons roux,

J'avise le plus blond, je le prends et le mange
Les pieds sur les chenets, où nul ne me dérange.
Puis, au bouchon voisin, pour arroser mon rôt,
Je sable du meilleur, sans payer mon écot.

GÉRONTE.

C'est merveilleux !

FRONTIN.

J'en use avec la friperie
Comme avec la taverne et la rôtisserie.
Demandez-moi mes yeux, demandez-moi ma peau,
Ma femme, mes enfants, mais non pas mon chapeau.

GÉRONTE.

De ce feutre coiffé, qu'il me serait facile
De savoir ce que font Valère et ma pupille !

FRONTIN.

Pour un tuteur hors d'âge, amoureux et jaloux,
Ce moyen est plus sûr que grilles et verrous,
Avec un tel trésor, plus de ruse possible ;
Devant le criminel vous surgissez, terrible,
Au moment périlleux, sans que l'on sache d'où,
Comme un diable à ressort qui jaillit d'un joujou !

GÉRONTE.

Je te l'achète.

FRONTIN.

Non. — Vous êtes trop avare !
Ce feutre me fait roi de France et de Navarre,
Et vous m'en offririez des prix déshonorants.

GÉRONTE.

Cent écus, est-ce assez ?

FRONTIN.

C'est peu... mais je les prends.

GÉRONTE.

Je voudrais bien, avant de te donner la bourse,
Essayer...

FRONTIN.

Comment donc !

GÉRONTE, à part, mettant le chapeau.

Je vais prendre ma course,
Et j'aurai le chapeau sans qu'il m'en coûte un sou !
Il ne me verra pas.

FRONTIN, à part.

J'ai compris, vieux filou !

Haut.

Ah! monsieur, c'est très-mal de frustrer un pauvre homme!
Une telle action me renverse et m'assomme ;
C'est affreux... Il ne peut encore être bien loin ;
Afin de le trouver, bâtonnons chaque coin ;
Tapons, faisons des bleus sur le dos de l'espace ;
Dans notre moulinet il faudra bien qu'il passe !
Frappons à tout hasard... Pan! pan! pan!... pif! paf! pouf!
En long, en large, en haut, en bas, en travers...

GÉRONTE.

Ouf!...
Ah! la cuisse! ah! le bras! ah! le dos! ah! l'épaule!

FRONTIN.

Je m'escrimerai tant du bout de cette gaule,
Que je l'attraperai. — Si je ne le vois pas,
Je l'entends qui renifle et geint à chaque pas...

 A part.

D'un revers de bâton faisons cesser le charme.

Il fait tomber le chapeau.

GÉRONTE, à part.

Je suis tigré, zébré!

FRONTIN.

  Çà, déposons notre arme
Votre éclipse m'avait vraiment inquiété;
Je vous cherchais partout. Vous aurais-je heurté?

GÉRONTE.

Nullement.

FRONTIN.

  J'aurais pu vous faire quelque bosse.

GÉRONTE, à part.

Je suis dur. Je paîrai quelqu'un pour qu'il te rosse,
Assassin!

FRONTIN, lui présentant le chapeau.

 Achevons promptement le marché.
Nous sommes confiants... Quand vous aurez lâché,
Je lâcherai.

GÉRONTE, lui donnant une bourse.

 C'est fait.

FRONTIN.

Heureux mortel! Le monde
Est à vous maintenant, moins cette bourse ronde.

Il l'empoche.

Vous êtes comme l'air : vous entrez en tout lieu ;
Homme, vous possédez la science d'un dieu !
Rien ne vous est caché, vous lisez dans les âmes,
Et, ce que nul n'a fait, vous connaissez les femmes...
Marinette à propos se dirige vers nous ;
Disparaissez, je vais la confesser sur vous.

Géronte se coiffe du chapeau.

SCÈNE XI

LES MÊMES, MARINETTE.

FRONTIN.

Qu'as-tu donc, mon enfant?

MARINETTE, feignant de ne pas voir Géronte.

Je n'ai rien.

FRONTIN

Si ; ta mine,
Qu'un sourire joyeux d'ordinaire illumine,
Est lugubre, aujourd'hui, comme un enterrement ;
On dirait que tu viens de perdre ton amant.

MARINETTE, *même jeu.*

Pour le perdre, il faudrait l'avoir eu... Je suis sage,
Et n'admets que soupirs tendant au mariage,
Frontin !

GÉRONTE, *à part.*

Où diable va se nicher la vertu ?

FRONTIN.

Mais alors, d'où te vient cet air morne, abattu ?

MARINETTE, *même jeu.*

D'une tout autre cause. A me flatter trop prompte,
J'avais l'espoir de plaire au bon monsieur Géronte,
Et d'entrer, pour tout faire, en service chez lui...
Tu sais le résultat, et j'en ai de l'ennui.

GÉRONTE, *même jeu.*

Je suis vraiment fâché de ne l'avoir pas prise.

MARINETTE, *même jeu.*

Maintenant, il est seul. Qui le coiffe et le frise ?
Qui lui met sa cravate et lui cherche ses gants ?
Moi, j'aurais eu pour lui tous ces soins fatigants,
Et je l'aurais choyé comme une fille un père !

GÉRONTE, *même jeu.*

Ce que je n'ai pas fait, je puis encor le faire.

MARINETTE.

C'est un homme si doux, si poli, si charmant !

FRONTIN.

Je ne partage pas du tout ton sentiment.
Un vieux...

GÉRONTE, bas à Frontin.

Comment?

FRONTIN.

Laid, sot...

GÉRONTE, même jeu.

Gredin!

FRONTIN.

Acariâtre...

GÉRONTE, de même.

Bandit!

FRONTIN.

Crasseux!...

GÉRONTE, de même.

Je vais te battre comme plâtre,
Si...

FRONTIN, bas à Géronte.

C'est pour l'éprouver, monsieur; tenez-vous coi!
Tu le trouves donc bien?

MARINETTE.

Il a je ne sais quoi
De franc, d'épanoui, qui me plaît et m'enchante.
Ah! que de le servir j'aurais été contente!

GÉRONTE, à part.

Quel bon cœur! Je me sens le coin de l'œil mouillé,
Et, par l'émotion, j'ai le nez chatouillé.

Il éternue.

MARINETTE.

J'entends éternuer, et je ne vois personne !

GÉRONTE.

C'est moi qui...

MARINETTE.

Mais quelle est cette voix qui résonne ?
Un fantôme, un esprit...

GÉRONTE.

Eh ! non ; c'est moi.

MARINETTE.

Qui donc ?

GÉRONTE.

Géronte.

MARINETTE.

Et votre corps, où donc est-il ?

FRONTIN, décoiffant Géronte.

Pardon !
Monsieur, vous oubliez que pour être visible
Il faut vous décoiffer.

MARINETTE.

Ah ! quelle peur horrible,
Monsieur, vous m'avez faite !

GÉRONTE.

Allons, rassure-toi ;
Je vais en quatre mots dissiper ton effroi :
Ce chapeau, qu'il suffit d'ôter et de remettre,
Me fait à volonté paraître et disparaître !

MARINETTE, à part.

Feignons d'être timide et jouons l'embarras.
GÉRONTE.

La place que tu veux, mon enfant, tu l'auras.
MARINETTE.

Vous étiez là, monsieur? Vous m'avez entendue?...
Le trouble... la pudeur... Ah! je suis confondue!
GÉRONTE.

Ton dévoûment pour moi s'est fait connaître ainsi.
FRONTIN.

Pendant que nous voilà, si nous tentions aussi,
Avec ce talisman, une autre expérience,
Pour savoir ce qu'Inez sur votre compte pense?
GÉRONTE.

Pourquoi faire, Frontin? Je ne suis pas aimé!
FRONTIN.

Si, vous l'êtes. Le cœur est un livre fermé;
Il faut qu'il soit ouvert pour qu'on y puisse lire.
MARINETTE.

Voulez-vous qu'une femme aille d'abord vous dire
Les feux dont en secret elle brûle pour vous?
GÉRONTE.

Mais elle m'a vingt fois refusé pour époux!
FRONTIN.

Et vous vous arrêtez à de telles vétilles?
Le véritable sens du non des jeunes filles,
C'est oui!

MARINETTE.

Monsieur, je suis de l'avis de Frontin :
Mademoiselle Inez vous aime, c'est certain.

GÉRONTE.

Prends ma clef, Marinette ; ouvre, entre et fais en sorte,
Sous un prétexte en l'air, que ma pupille sorte.

Marinette entre dans la maison.

SCÈNE XII

GÉRONTE, FRONTIN.

FRONTIN.

Grâce à votre chapeau, triomphant et vainqueur,
Vous lirez votre nom dans ce cher petit cœur.

GÉRONTE.

Je tremble d'y trouver Valère en toutes lettres !

FRONTIN.

Les femmes n'aiment pas ces frêles petits-maîtres...
Mais les voici... Mettez vite votre chapeau.

SCÈNE XIII

LES MÊMES, INEZ, MARINETTE.

MARINETTE, à Inez.

Faisons deux ou trois tours dehors. Il fait si beau !

INEZ.

Je le veux bien ; je sors si rarement !

MARINETTE.

Valère
Est peut-être par là.

INEZ.

Lui ! s'il voulait me plaire,
Il devrait bien cesser ses importunités ;
Il est pour ses soupirs assez d'autres beautés.

MARINETTE.

J'avais jusqu'à présent pensé, mademoiselle,
Que vous récompensiez son feu d'une étincelle.

INEZ.

Je faisais à ses soins un accueil assez doux.
Faut-il se gendarmer et se mettre en courroux,
Pour les efforts que fait à nous être agréable
Un jeune homme galant et de figure aimable ?

GÉRONTE, à lui-même.

Certainement !

FRONTIN, bas.

Monsieur, ne criez pas si fort.

INEZ.

Il me plaisait assez.

GÉRONTE, à Frontin.

Soutiens-moi, je suis mort !

INEZ.

Mais, depuis, j'ai bien vu que ses galanteries

N'étaient que faux semblants et pures tromperies.
GÉRONTE, à part.

Je renais !
INEZ.

J'ai compris, en le connaissant mieux,
Que c'était à mon bien qu'il faisait les doux yeux.
FRONTIN, bas à Géronte.

Que vous avais-je dit ?
MARINETTE.

Fi ! l'âme intéressée !
INEZ.

Et vers un autre amour j'ai tourné ma pensée.
Un homme...
FRONTIN, de même.

Écoutez bien.
GÉRONTE.

J'écoute.
INEZ.

D'âge mûr...
FRONTIN.

C'est vous.
GÉRONTE.

Tais-toi !
INEZ.

Brûlait pour moi d'un feu plus pur.
MARINETTE.

Son nom ?

INEZ.

Je n'ose pas...

GÉRONTE.

Le cramoisi me monte
A la figure !

MARINETTE.

Allons...

GÉRONTE.

Je frissonne

INEZ.

Géronte !

GÉRONTE.

Je suis au paradis ! aux anges !

FRONTIN.

Est-ce clair ?
Cent écus... Trouvez-vous que mon chapeau soit cher ?

GÉRONTE.

Frontin ! mon seul ami !

FRONTIN, à part.

Je vais dire à mon maître
Que pour jouer son rôle il est temps de paraître.

INEZ.

Géronte, mon tuteur, qui sera mon mari,
Et qui, seul, maintenant règne en mon cœur guéri.

GÉRONTE.

Pauvre petit bouchon, va !

MARINETTE.

     La chose est certaine,
On ne sait pas aimer avant la soixantaine.
Où l'aurait-on appris? au collége?

GÉRONTE.

        Bien dit,
Ma fille! Qui vient là? C'est Valère! Ah! bandit!

FRONTIN.

Calmez-vous...

GÉRONTE.

   Mais il va parler à ma pupille!

FRONTIN.

Eh bien?

GÉRONTE.

   Comment! eh bien? Tu m'échauffes la bile!

FRONTIN.

Vous parlez en tuteur, et vous êtes l'amant;
Les rôles sont changés!

SCÈNE XIV

LES MÊMES, VALÈRE.

INEZ.

    Valère, en ce moment,
Ici!

VALÈRE, feignant de ne pas voir Géronte, pendant toute la scène.

Rassurez-vous ; je ne suis plus le même ;
Je ne viens pas vous dire, Inez, que je vous aime :
Mon cœur est revenu de ces frivolités.

INEZ.

En me parlant ainsi, monsieur, vous m'enchantez.

VALÈRE.

Je ne veux pas lutter contre un oncle adorable...

INEZ.

Adoré !

FRONTIN, à Géronte.

Vous voyez.

VALÈRE.

Mille fois préférable
A son neveu...

GÉRONTE.

C'est vrai.

VALÈRE.

Qui n'a que ses vingt ans...

MARINETTE.

Mérite qui décroît et passe avec le temps.

GÉRONTE, à Frontin.

Cette fille a du sens.

FRONTIN, à Géronte.

Continuons l'épreuve.

VALÈRE.

Vous épousez Géronte ?

INEZ.

Oui.

VALÈRE.

Je sais une veuve,
Belle de deux maisons et de cent mille francs ;
Quels yeux à ses appas seraient indifférents ?

INEZ.

C'est un fort bon parti : faites ce mariage.

GÉRONTE.

Le monde va finir ; mon neveu devient sage !

VALÈRE.

Cet hymen m'enrichit, et j'en veux profiter,
Comme tout bon neveu le doit, pour acquitter,
Sans y jeter les yeux, les comptes de tutelle
De mon oncle.

GÉRONTE.

C'est grand !

INEZ.

Une femme peut-elle
Abandonner ses biens à l'époux de son choix ?

VALÈRE.

Assurément.

INEZ.

Je cède à Géronte mes droits.

GÉRONTE.

Ah ! quel beau trait !

FRONTIN.

Fort beau !

INEZ.

Mes deux fermes en Brie,
Mes terres au soleil, tant en bois qu'en prairie,
Mes rentes, ma maison sur le pont Saint-Michel,
Mes nippes, mes bijoux...

GÉRONTE.

Poursuis, ange du ciel !

INEZ.

J'en veux faire présent à Géronte.

VALÈRE.

J'approuve
Ce dessein.

GÉRONTE.

Cher neveu !

INEZ.

Si mon tuteur me trouve
Digne d'être sa femme, ayant déjà mon bien,
Alors à mon bonheur il ne manquera rien.

GÉRONTE.

Quelle délicatesse !

INEZ.

Et je serai bien sûre,
Étant pauvre, que c'est par affection pure.

GÉRONTE.

Va, je t'épouserai, sois tranquille.

FRONTIN.

Comment
Reconnaître jamais un pareil dévoûment ?

INEZ.

Faut-il faire un écrit ?

VALÈRE.

Pour qu'elle soit exacte,
De la donation on dresse un petit acte.
Chez un notaire avec deux témoins pour signer,
Marinette et Frontin vont nous accompagner.

GÉRONTE.

Si l'on faisait venir le notaire ?

FRONTIN.

Non certe,
On n'instrumente pas sur une place ouverte.

GÉRONTE.

Au théâtre pourtant cela se passe ainsi.

FRONTIN.

Mais nous ne jouons pas la comédie ici.

Ils sortent.

SCÈNE XV

GÉRONTE, puis CHAMPAGNE.

GÉRONTE.

Frontin avait raison : c'est moi qu'elle préfère ;

L'oncle bat le neveu! Géronte bat Valère!
Ils me donnent leurs biens! Grâce à ce vieux chapeau,
Le monde m'apparaît sous un jour tout nouveau!

CHAMPAGNE, ivre et chantant.

>Quand, sous la treille,
>Une bouteille,
>Blonde ou vermeille,
>M'a fait asseoir,
>Ma foi, j'ignore
>Si c'est l'aurore
>Qui la colore,
>Ou bien le soir.

GÉRONTE, mettant son chapeau.

Il est comme une grive au temps de la vendange,
Très-soûl.

CHAMPAGNE.

Bonjour, monsieur.

GÉRONTE.

Hein! Bonjour? C'est étrange!
Faquin, tu me vois donc?

CHAMPAGNE.

Pardieu, si je vous vois!

GÉRONTE.

Pourtant, je suis couvert.

CHAMPAGNE.

Je vous verrais deux fois
Plutôt qu'une, ayant bu : tout homme ivre voit double,
C'est un fait avéré.

GÉRONTE.

Ce qu'il a dit me trouble.

CHAMPAGNE.

Dieu n'a fait qu'un soleil, et le vin en fait deux...
Heuh !

GÉRONTE.

Je ne me suis pas assez méfié d'eux !
Tu ne peux pas me voir, car je suis invisible,
En vertu d'un chapeau magique.

CHAMPAGNE.

C'est possible ;
Mais voici votre dos...

Il lui donne un coup.

Ai-je bien attrapé?

GÉRONTE.

Très-bien.

CHAMPAGNE.

Votre gros ventre...

GÉRONTE.

Oh !

CHAMPAGNE.

Me suis-je trompé ?

GÉRONTE.

Non pas.

CHAMPAGNE.

Ce coup de pied, ce n'est pas votre tête
Qui le reçoit?

GÉRONTE.

Oh! non! Grands dieux! ai-je été bête!
Je suis dupé, volé, joué comme un enfant!

CHAMPAGNE, à part.

Qu'a-t-il donc à pousser des soupirs d'éléphant?

GÉRONTE.

On m'a pris cent écus! on m'a pris ma pupille!
A l'assassin! au feu!

SCÈNE XVI

LES MÊMES, FRONTIN.

FRONTIN.

Quel vacarme inutile!
Ils ne sont pas perdus! Tiens, Champagne! A propos
Devant un homme gris il fallait deux chapeaux;
J'aurais dû vous le dire. Il vous a vu, sans doute?

GÉRONTE.

Puisse le ciel, croulant, t'écraser sous sa voûte!
Filou, galérien, faussaire, empoisonneur!

FRONTIN.

Que de titres, monsieur, vous me faites honneur!

Inez revient avec Valère et Marinette.

Tenez!

SCÈNE XVII

LES MÊMES, INEZ, VALÈRE, MARINETTE.

GÉRONTE.
D'où sortez-vous?
MARINETTE.
D'un endroit fort honnête.
VALÈRE.
Nous avons fait dresser, chez le tabellion,
Un acte en bonne forme.
GÉRONTE.
Oui, la donation.
VALÈRE.
Non pas! mais un contrat...
GÉRONTE.
Comment!...
VALÈRE.
De mariage,
Entre madame et moi!
GÉRONTE.
J'éclaterai de rage!
VALÈRE.
Nous avons réfléchi que l'amour et l'hymen

Peuvent marcher ensemble en se donnant la main.
GÉRONTE.
C'était moi qu'elle aimait.
MARINETTE.
    Femme souvent varie,
A dit un roi de France, et bien fou qui s'y fie !
FRONTIN.
Faites le mouvement de bénir les époux...
GÉRONTE.
Si tu railles encor, je t'éreinte de coups !
MARINETTE.
Valère est si gentil !
GÉRONTE.
   Gourgandine ! carogne !
CHAMPAGNE.
Monsieur, reprenez-moi.
GÉRONTE.
    Que me veut cet ivrogne ?
Des calottes ? J'en ai !

        Il le soufflette.
CHAMPAGNE.
   Ma place ou mon argent !
GÉRONTE.
Je t'ai ramassé nu comme un petit saint Jean,
Et t'ai payé fort mal des gages très-minimes.
Comment as-tu gagné cet argent ? Par quels crimes ?

CHAMPAGNE.

Monsieur, c'était du temps que vous étiez... cocu...

GÉRONTE.

Je te reprends !

CHAMPAGNE.

Oh ! si madame avait vécu !

GÉRONTE.

Tais-toi.

MARINETTE.

Ne soyez pas un oncle coriace !
A ce couple charmant, de bon cœur, faites grâce !

GÉRONTE.

Jamais !

INEZ.

Mon cher tuteur, nous vous aimerons bien.

GÉRONTE.

Point.

FRONTIN.

En faveur du but, oubliez le moyen.

VALÈRE.

Mon oncle !

GÉRONTE.

Mon neveu, vous êtes un fier drôle ;
Mais je suis un Géronte, il faut jouer mon rôle...
Je pardonne !

TOUS.

Merci.

FRONTIN.

Fais ton rôle à ton tour,
Public, pardonne-nous..... sois oncle..... pour un jour.
Accorde tes bravos à cette comédie ;
En tout temps et partout elle fut applaudie :
C'est l'oncle et le valet, la pupille et l'amant ;
Le sujet qui fera rire éternellement !
Oiseaux de gai babil et de brillant plumage,
Nous différons des geais et des merles en cage.
Les auteurs font pour nous de la prose et des vers,
Mais sans être sifflés nous apprenons nos airs.
Bien que nous n'ayons point pris le nom de Molière,
Ne va pas nous traiter de façon cavalière :
Tu nous connais déjà, nous sommes vieux amis,
Et tu peux nous claquer sans être compromis.

FIN DU TRICORNE ENCHANTÉ.

PROLOGUE

POUR LE FALSTAFF DE MM. PAUL MEURICE ET VACQUERIE

PROLOGUE

POUR LE FALSTAFF DE MM. PAUL MEURICE ET VACQUERIE

Beau sexe, sexe laid, jeunesse, et vous vieillesse,
Ne sifflez pas encor, je ne suis pas la pièce ;
Gardez, pour en cribler les endroits incongrus,
Votre provision d'œufs durs et de fruits crus :
Sous cet accoutrement de satin blanc et rose,
Tel que vous me voyez, je suis *Louis Monrose*,
Pour le présent *prologue*; une position
A ne pas exciter la moindre ambition !
Tout à l'heure, changeant de costume et de rôle,
Je représenterai John Falstaff, un fier drôle !
Mes compagnons sont là, derrière le rideau,
Un tas de chenapans qui n'ont jamais bu d'eau
Tout prêts, tout habillés, fardés jusqu'aux oreilles,
Mais pâlissant de peur, sous leurs teintes vermeilles;
Car chacun sait que l'autre est un affreux gredin

Que l'on a dédaigné de pendre par dédain :
Tous les vices en fleur bourgeonnent sur leurs trognes ;
Ils sont un peu filoux, énormément ivrognes,
Très-poltrons, très-hâbleurs, à cela près charmants.
Mais que vous semblera de pareils garnements,
Hommes de ce temps-ci, vous, spectateurs honnêtes,
Qui rentrez de bonne heure et qui payez vos dettes ?
Pour dérider le spleen l'humour hasarde tout.
Anglais, de leur terroir ils ont gardé le goût,
Et, sans être gênés par les rimes françaises,
Les coudes sur la table ils vont prendre leurs aises :
Vous les excuserez s'ils ne sont pas parfaits.
Après tout, c'est ainsi que Shakspear les a faits ;
Que les a vus passer sa haute fantaisie,
Dorés par un reflet de vin de Malvoisie.
Du fond de la taverne, où rêveur il songeait,
De son vaste cerveau m'élançant d'un seul jet,
J'apparus tout à coup, riant, vermeil, énorme,
Et le Bacchus du Nord s'incarna sous ma forme.
La pourpre de mon sang est faite de vin pur ;
Sur un pied chancelant je porte un esprit sûr,
Et ma gaîté petille, ainsi qu'au bord du verre,
En globules d'argent une mousse légère ;
Car tout ce que je bois se résout en esprit,
Et la triste Albion par mes lèvres sourit ;
La bonne humeur du prince à la mienne s'allume,
Ma verve est le soleil de toute cette brume,

Et mon ivresse ardente, où chaque mot reluit,
Tire un feu d'artifice au milieu de leur nuit.
C'est fort bien, John Falstaff; mais que dit la morale?
Une telle conduite est un affreux scandale !
Public, rassure-toi : toujours au dénoûment
Pour des gueux comme nous paraît le châtiment ;
Attends-le sans colère, et souffre que je rentre
Pour me rougir le nez et mettre mon faux ventre.

FIN DU PROLOGUE DE FALSTAFF.

PROLOGUE D'OUVERTURE

RÉCITÉ LE 15 NOVEMBRE 1845 AU THÉATRE DE L'ODÉON

PROLOGUE D'OUVERTURE

RÉCITÉ LE 15 NOVEMBRE 1845 AU THÉATRE DE L'ODÉON

Personnages.

LE DIRECTEUR
UN ESPRIT CHAGRIN
UN GARÇON DE THÉATRE

L'ESPRIT CHAGRIN.

Eh bien, cher directeur, la nouvelle est donc vraie,
Vous jouez ?

LE DIRECTEUR.

Oui.

L'ESPRIT CHAGRIN.

Pour vous l'entreprise m'effraie ;
L'Odéon, qui ne peut ni vivre ni mourir,
N'est jamais plus fermé que lorsqu'il vient d'ouvrir.

LE DIRECTEUR.

On a fait là-dessus mille plaisanteries ;
Je les sais... Il poussait de l'herbe aux galeries ;
Dix-sept variétés de champignons malsains
Dans les loges tigraient la mousse des coussins ;
Une Flore complète ; et plus d'un journaliste
Malicieusement en publia la liste.
Les ours du pôle arctique et les ours des cartons
Dans cet autre Spitzberg avaient pris leurs cantons,
Et par eux fut mangé le claqueur solitaire
Hivernant sous la neige au milieu du parterre.
Trouvant l'endroit propice à des repas de corps,
Près des acteurs, les rats grignotaient les décors.
Les poêles se chauffaient au moyen de veilleuses,
Simulacres de feux, lueurs fallacieuses !
L'abandon tamisait sa poussière partout ;
Des fils tombaient du ciel une araignée au bout,
Et, terreur du pompier, le long des couloirs sombres,
Des directeurs défunts se promenaient les ombres !
Suis-je bien informé ? Du moins, si je me perds,
Je plonge dans le gouffre avec des yeux ouverts.

L'ESPRIT CHAGRIN.

Personne n'eut jamais caprice plus morose ;
N'être pas directeur de l'Odéon est chose
Si facile, pour peu que l'on soit protégé !
Vous êtes né, mon cher, sous un astre enragé ;

Si vous m'aviez fait part de ce projet sinistre,
J'aurais recommandé votre affaire au ministre ;
Il vous eût refusé... par faveur.

LE DIRECTEUR.

       Grand merci !
J'ai la prétention de réussir ici.
Oui, cette belle salle étonnée et ravie,
Après un long sommeil s'éveillant à la vie,
Je l'espère, verra le public, chaque soir,
Comme un ami fidèle arriver et s'asseoir.
Le lustre, ce soleil qu'on descend et qu'on monte,
Aux luttes de deux gaz saura trouver son compte,
Et choisira celui dont le jet radieux
Noircit moins le plafond tout en éclairant mieux.
Flûtes, cors, violons, feront rage à l'orchestre ;
La Muse à talons hauts et la muse pédestre,
L'une avec son peplum dans le marbre sculpté,
L'autre avec son jupon changeant et pailleté,
Ensemble, ou tour à tour, sérieuse ou fantasque,
Montreront la pâleur ou le fard de leur masque.
Chez nous les dieux de l'art auront des trônes d'or ;
Mais nous livrons l'azur à tout puissant essor,
Et le jeune poëte, éclairé par leur gloire,
Prendra place à leurs pieds sur les marches d'ivoire.
L'Odéon, temple ouvert à tous les immortels,
Même aux dieux étrangers dressera des autels.

Le génie est pareil, si la langue est diverse.
Astre à demi voilé, l'idée éclate et perce
Sous le nuage gris de la traduction :
Pour juger de l'étoile il suffit d'un rayon.
Quand on entend Molière, et Corneille, et Racine,
Caldéron se comprend, Shakspeare se devine.
O poëtes sacrés, ô maîtres souverains,
S'il reste encore au fond de vos riches écrins
Une pierre oubliée, une perle enfouie,
Nous la ferons briller sur la foule éblouie,
Sans redouter l'*hélas !* sans craindre le *hola !*
Après l'*Agésilas* nous joûrions l'*Attila*.
Pour nous, l'auteur du *Cid* vit dans toutes ses pièces,
Et Rotrou, délaissé, tente nos hardiesses.

L'ESPRIT CHAGRIN.

Tout cela serait bon dans un pays connu,
Mais aucun Mungo-Park ici n'est parvenu ;
La carte vous relègue aux zones chimériques.
J'ai vu des gens chercheurs et trouveurs d'Amériques,
Qui, l'on ne sait comment, allaient on ne sait où,
Au Kamtchatka, dans l'Inde, au diable, à Tombouctou ;
Mais je n'en ai pas vu, quel que soit leur courage,
Capables de tenter ce périlleux voyage.
L'on part pour l'Odéon tout jeune, et, dans Paris,
L'on retourne vieillard avec des cheveux gris.
Il vous faut un rail way pour vous rendre probable.

PROLOGUE D'OUVERTURE

LE DIRECTEUR.

Vous voilà cependant.

L'ESPRIT CHAGRIN.

Ce fait invraisemblable
S'explique : je demeure où finit le chemin,
Étant un naturel du faubourg Saint-Germain.

LE DIRECTEUR.

Remettez au carquois ces flèches émoussées;
Nos armes par vos traits ne seront pas faussées,
Et ne nous criblez plus d'un sarcasme banal
Qui serait dédaigné du plus mince journal.
Qu'importent quelques pas ou quelques tours de roue?
L'Odéon n'est pas loin quand *Lucrèce* s'y joue.
Antigone, malgré la route et ses lenteurs,
Attirait au désert deux mille spectateurs ;
Et la distance à tous paraissait exiguë,
Quand au bout de la route on trouvait la *Ciguë*.
Qui se plaint du chemin alors que le but plaît,
Hors les cochers de fiacre et de cabriolet?
Les *Deux Mains*, de Gozlan, ont, d'une étreinte adroite,
Uni la rive gauche avec la rive droite.
Ayons Hugo, Dumas, Ponsard, et j'en réponds,
Nul ne regrettera de traverser les ponts.
Une pièce à succès, comète à longue queue,
Au centre de Paris peut mettre la banlieue.

Le théâtre est lointain, fût-il au boulevard,
Qui manque aux saintes lois du bon goût et de l'art !
D'ailleurs, je ne veux pas que l'autre bord se gêne,
Et me contenterai du public indigène.
Le faubourg Saint-Germain a, pour m'alimenter,
Trois cent mille habitants sur qui je peux compter.
Même je leur permets d'aller voir à la ville
Mélodrame, opéra, ballet ou vaudeville,
Toute œuvre curieuse et tout acteur vanté,
Tellement je suis sûr de leur fidélité.

L'ESPRIT CHAGRIN.

Votre salle remplie, il vous faut une troupe,
Des acteurs...

LE DIRECTEUR.

J'en ai trop ; voyez plutôt ce groupe !
(Toutes les portes s'ouvrent. Les acteurs se répandent sur le théâtre.
Ces marauds sont mes niais ; ces gaillards véhéments
Font les jeunes premiers et les rôles d'amants.
Dès sept heures du soir, afin de plaire aux femmes,
Jusqu'à minuit sonnant ils jettent feux et flammes.
Il leur est défendu d'avoir de l'embonpoint ;
Un amoureux trop gras ne persuade point.
Ils doivent, par contrat, garder la taille mince,
Ou s'en aller grossir les troupes de province.
Regardez ces deux-ci ; quel air de vieux tableau !
L'un est signé Van Dyck, et l'autre Murillo ;

Avec cet air, ce port, cette mine hautaine,
D'Henriette ou d'Emma la défaite est certaine.

L'ESPRIT CHAGRIN.

Comment s'appellent-ils ?

LE DIRECTEUR.

Ils ne s'appellent pas !
Sur le char de Thespis ils font leurs premiers pas.
Si leurs noms sont obscurs, ils se feront connaître ;
Attendons. Nul ne fut célèbre avant de naître.
D'autres ont le passé, nous avons l'avenir ;
Le temps coule, et l'espoir vaut bien le souvenir.
Qui sait ? dans cette troupe encor timide et gauche,
Peut-être des Talma sont à l'état d'ébauche.

L'ESPRIT CHAGRIN (à part).

Avec ses grands acteurs en probabilité,
Il n'aura pour public que la postérité !

LE DIRECTEUR.

Saluez mon Agnès, un ange !

L'ESPRIT CHAGRIN.

Moins les ailes !

LE DIRECTEUR.

Qu'en savez-vous ? — Voyez l'azur de ces prunelles,
Cette paupière blonde et ce regard voilé ;
Arnolphe aurait bien tort de la tenir sous clé !

L'ESPRIT CHAGRIN.

Il aurait bien raison.

LE DIRECTEUR.

J'ai là quelques soubrettes
Expertes à mener les choses d'amourettes,
Qui, le rire à la bouche et l'étincelle aux yeux,
Font réussir le jeune avec l'argent du vieux...
Voulez-vous des valets? en voilà : Mascarille,
Scapin, gens de conseil pour les fils de famille;
Ces démons galonnés qui ne redoutent rien,
Sont capables de tout, hors de faire le bien !
Voici madame Argan, duègne prématurée.

L'ESPRIT CHAGRIN.

Pourvu que le théâtre ait un peu de durée,
Elle aura le physique et l'âge de l'emploi.

LE DIRECTEUR.

S'il faut suivre la reine ou précéder le roi,
Courir avec un maître en galant équipage,
Ces jambes-là, mon cher, feront un joli page.
C'est l'heureux suppléant du comte Almaviva,
Le chérubin d'amour que Rosine rêva.

L'ESPRIT CHAGRIN.

Cette dame en atours?

LE DIRECTEUR.

C'est ma grande coquette,

Ma Célimène, adroite à ce jeu de raquette
Où d'un causeur à l'autre un mot étincelant
Rebondit sans tomber, comme fait un volant.
Prenez votre lorgnon, pour voir la Comédie
Qui là-bas dans un coin parle à la Tragédie.

L'ESPRIT CHAGRIN.

Thalie et Melpomène en conversation,
C'est un drame.

LE DIRECTEUR.

    Ces yeux où luit la passion
Feront verser des pleurs en en versant eux-mêmes ;
Ces lèvres lanceront de sombres anathèmes.

UN GARÇON DE THÉATRE

Monsieur, il est bientôt l'heure de commencer.

L'ESPRIT CHAGRIN.

Ah ! mon Dieu ! trouverai-je encore à me placer ?

LE DIRECTEUR.

Je suis vraiment flatté de votre inquiétude !
On se place toujours dans une solitude...
Vous vous contredisez, mon cher Esprit Chagrin,
Mais déjà des archets j'entends grincer le crin ;
Les trois coups sont frappés, on va lever la toile ;
On vous verrait tout vif. Filez... comme une étoile,
Sur l'affiche du jour on ne vous a pas mis.

Au public.

Maintenant, ô vous tous, ô mes meilleurs amis,

Chers inconnus, public! grande âme collective,
Cerveau toujours fumant où bout l'idée active,
Maître puissant, par qui tout génie est formé ;
Public, sublime auteur qu'on n'a jamais nommé,
Verse une part de toi dans les chefs-d'œuvre à naître :
Si tu veux nous aider, il en viendra peut-être.
La nature n'a pas vidé tout son trésor,
Et Dieu nous doit beaucoup de poëtes encor.
Patrie aux flancs féconds, sainte mère des hommes,
Ce que furent jadis nos pères, nous le sommes,
Et ton généreux sang, qui fit tant de vainqueurs,
N'a point perdu sa pourpre en coulant dans nos cœurs.
Soulevons le passé qui sur nos fronts retombe :
Le laurier peut verdir ailleurs que sur la tombe.
Par trop de piété pour nos illustres morts,
Ne décourageons pas de vivaces efforts.
D'un vol prompt, sur le toit, si le moineau s'élance,
L'aigle qui va planer en rampant se balance :
Le but est le soleil, le chemin l'infini,
Et l'oiseau, palpitant, hésite au bord du nid :
Mais, quand il s'est lancé dans le vent qui l'appelle,
Prenez garde qu'un plomb n'ensanglante son aile,
Car il est des chasseurs qui font la lâcheté
De tirer sur un aigle ivre d'immensité !...

FIN DU PROLOGUE D'OUVERTURE.

PIERRE CORNEILLE

POUR L'ANNIVERSAIRE DE SA NAISSANCE

PIERRE CORNEILLE

POUR L'ANNIVERSAIRE DE SA NAISSANCE

Par une rue étroite, au cœur du vieux Paris,
Au milieu des passants, du tumulte et des cris,
La tête dans le ciel et le pied dans la fange,
Cheminait à pas lents une figure étrange :
C'était un grand vieillard sévèrement drapé,
Noble et sainte misère, en son manteau râpé.
Son œil d'aigle, son front argenté vers les tempes,
Rappelaient les fiertés des plus mâles estampes,
Et l'on eût dit, à voir ce masque souverain,
Une tête romaine à frapper en airain.
Chaque pli de sa joue austèrement creusée
Semblait continuer un sillon de pensée,
Et dans son regard noir, qu'éteint un sombre ennui,
On sentait que l'éclair autrefois avait lui.
Le vieillard s'arrêta dans une pauvre échoppe.
Le roi-soleil alors illuminait l'Europe,

Et les peuples baissaient leurs regards éblouis
Devant cet Apollon qui s'appelait Louis.
A le chanter Boileau passait ses doctes veilles;
Pour le loger, Mansart entassait ses merveilles;
Au coin d'un carrefour, auprès d'un savetier,
Pied nu, le grand Corneille attendait son soulier.
Sur la poussière d'or de sa terre bénie
Homère, sans chaussure, aux chemins d'Ionie
Pouvait marcher jadis avec l'antiquité,
Beau comme un marbre grec par Phidias sculpté;
Mais Homère à Paris, sans crainte du scandale,
Un jour de pluie, eût fait recoudre sa sandale.
Ainsi faisait l'auteur d'*Horace* et de *Cinna*,
Celui que de ses mains la Muse couronna,
Le fier dessinateur, Michel-Ange du drame,
Qui peignit les Romains si grands, — d'après son âme!
O pauvreté sublime! ô sacré dénûment,
Par ce cœur héroïque accepté simplement!
Louis, ce vil détail que le bon goût dédaigne,
Ce soulier recousu me gâte tout ton règne.
A ton siècle vanté, de lui-même amoureux,
Je ne pardonne pas Corneille malheureux;
Ton dais fleurdelisé cache mal cette échoppe.
De la pourpre, où ton faste à grands plis s'enveloppe,
Je voudrais prendre un pan pour Corneille vieilli,
S'éteignant loin des cours dans l'ombre et dans l'oubli.
Sur le rayonnement de toute ton histoire,

Sur l'or de tes soleils, c'est une tache noire,
O roi! d'avoir laissé, toi qu'ils ont peint si beau,
Corneille sans souliers, Molière sans tombeau.
Mais pourquoi s'indigner? — Que viennent les années,
L'équilibre se fait entre ces destinées :
Le roi rentre dans l'ombre, et le poëte en sort,
Et chacun à sa place est remis par la mort.
Pour courtisans Versaille a gardé ses statues,
Les adulations et les eaux se sont tues :
Versaille est la Palmyre où dort la royauté.
Qui des deux survivra, génie ou majesté?
L'aube monte pour l'un, le soir descend sur l'autre.
Le spectre de Louis aux jardins de le Nôtre
Erre seul, et Corneille, éternel comme un dieu,
Toujours sur son autel voit reluire le feu
Que font briller plus vif à ses fêtes natales
Les générations, immortelles vestales!
Quand en poudre est tombé le diadème d'or,
Son vivace laurier pousse et verdit encor;
Dans la postérité, perspective inconnue,
Le poëte grandit et le roi diminue!

FIN DE PIERRE CORNEILLE.

TABLE

Une larme du Diable.   5
Une fausse conversion. 81
Pierrot posthume 127
Le tricorne enchanté. 173
Prologue de Falstaff. 233
Prologue de réouverture de l'Odéon. 239
Pierre Corneille 251

www.ingramcontent.com/pod-product-compliance
Lightning Source LLC
Chambersburg PA
CBHW070654170426
43200CB00010B/2232